# Le Voyage de Monsieur

## Comédie en quatre actes

Eugène Labiche, Édouard Martin

**Alpha Editions**

This edition published in 2023

ISBN : 9789357958912

Design and Setting By
**Alpha Editions**
www.alphaedis.com
Email - info@alphaedis.com

# Contents

# INTRODUCTION

Because *Le Voyage de M. Perrichon* is a delightful comedy and particularly suitable for use in the class room, it does not follow that the place of its author in the literature of France should be unduly magnified.

Eugène Labiche's chief claim to fame is that, as a distinguished critic said of him, «for forty years he kept his contemporaries in laughter.» From 1838, when he wrote his first play, till 1876, when he voluntarily retired, he produced, generally in collaboration with writers known mainly through their association with him, over one hundred and fifty comedies, in each of which is heard the same dominant note of fun and merriment. But of these plays only a very small number possess the qualities that alone make for durability; neither their form—in most cases photographically true to the looseness of the most familiar conversation—nor their substance—often grotesquely impossible adventures, situations supremely laughable because colossally absurd—is calculated to embalm his plays against the ravages of time. He thought so himself, and declined for a long time to have them collected into a complete edition; and when, in 1880, he was proposed for a vacant seat in the *Académie Française*, he doubted whether he would have voted for his own admission into that illustrious company.

Thus Labiche must stand simply as the most prolific and genial of the fun-makers for France during almost half a century. This praise would have satisfied the modest man that he was. Born in Paris in 1815, he had been destined to the bar; but, preferring literature, early betook himself to the newspaper and the drama. Here he «found himself,» and from the age of twenty-three until he was over sixty filled the comic stage with his light and laughable productions. After his retirement in 1876 the distinctions that were bestowed upon him with no grudging hand brought him as much surprise as pleasure. His published *Théâtre Complet* was received by the public with altogether unexpected enthusiasm; he was elected to the Academy, and his speech on his reception into that body made a marked sensation. He died in 1888 at his country-place in Sologne, full of years and of wonder at the gratitude of his contemporaries for the amusement he had so long afforded them.

Had more of his comedies possessed the qualities of *Le Voyage de M. Perrichon*, this high esteem would not have been restricted to his contemporaries. For, underlying the humorous dialogue, there is in this work a shrewd observation, an analysis of character, that lift it far above mere farce. Its insight into the ungrateful heart of man,—a cheerful and reformative, not a gloomy or hopeless, insight,—its lifelike delineation of the *parvenu*, the self-made man who worships his maker, and who, because he has been successful in business, thinks all things are his, culture included: these raise *Le Voyage de M. Perrichon* to the plane of true comedy.

Like all Labiche's plays, this one deals with the middle-class, the *bourgeois* element in French life, where natural foibles are not varnished over with the gloss of education and conventionality, but appear in all their nakedness. M. Perrichon's self-complacency never once suspects itself; Majorin is mean «all over»; there is no external hindrance to the exhibition of the weakness within. The feminine characters, as is invariably the case in his *répertoire*, are but lightly sketched in. He claimed that «woman is no joke,» and got all his fun out of men. Only in the first Act are the peculiarities of Madame Perrichon at all brought out: the lack of refinement of her speech, her crustiness when her personal habits are interfered with, etc.; while Henriette is the typical passive young girl of French comedy, if not of French life, with no mind of her own, and a perfect readiness to accept any husband at her father's hand. But every one of the men is carefully and consistently drawn, from the fussy, pompous Perrichon to the well-meaning Jean. The susceptible Major offers the humorous contrast of his exquisitely smooth speech and manners with his uncompromising exaction of all that is due himself and his «beloved compatriot,» the French language. Armand and Daniel are both of them gentlemen and good fellows, yet they are most significantly distinguished: the former guileless, frank, simple, the latter artful and ingenious; and such they remain consistently from the opening to the closing scenes. The contest between them is an open, honorable one, and the equities are satisfied when simple straightforwardness wins out over worldly wisdom.

It may be noticed that nothing has here been said about Edouard Martin, whose name appears on the title-page with that of Labiche. It is generally agreed, and indeed obvious from internal evidence, that whatever aid Labiche may have received in the suggestion of plot, management of scenes, etc., from his many collaborators, the qualities that made his plays so uniformly successful are properly his own. Edouard Martin had produced a few light plays, now absolutely unknown, before his association with Labiche. With him he wrote not only *Le Voyage de M. Perrichon*, but also *La Poudre aux Yeux*, *Les Vivacités du capitaine Tic*, which have rescued his name from oblivion. He died in 1864, at the age of thirty-six.

As a text for class-room reading, *Le Voyage de M. Perrichon* can hardly be surpassed, where familiarity is sought with the vivacity of French conversation. The dialogue is throughout simply and frankly natural. It is, as ever in France, profusely sprinkled with expletives. These exclamations have a very definite force which no careful student of the language can afford to overlook. For convenience they have here been collected into a separate alphabetical list, where they can be readily referred to and reviewed.

As this play is easy reading and may well be taken up early in the study of French, the Notes are somewhat fuller than an advanced class would require. They are at some pains to prevent the missing of humorous points. They also endeavor to keep before the mind of the student the fact that a correct understanding of the text is not enough. He should strive to render the French into equivalent English idiom, as racy and as real as the original. In fact, he should not be satisfied until he has produced an «acting version.»

The Exercises for Composition, based upon very nearly each scene of the play, serve a twofold purpose. It too often happens that a word or an idiom is forgotten as soon as understood; to translate these Exercises the student must lift the French from the printed page and make it his own. Secondly, the English of the Exercises often throws additional light on the expressions that occur in the text, and thereby serves to secure for them a fuller, wider understanding.

Lastly, the Questions for Conversation, similarly founded on definite small portions of the comedy, will afford a measure of the real mastery that the student has acquired of the lesson for each day. Whether answered orally, or, as may very well be done, in writing, they will help him to «mobilize» his vocabulary, accidence, and syntax.

I.H.B. SPIERS.
PHILADELPHIA,
October, 1905.

PERSONNAGES

PERRICHON
LE COMMANDANT MATHIEU
MAJORIN
ARMAND DESROCHES
DANIEL SAVARY
JOSEPH, domestique du Commandant
JEAN, domestique de Perrichon
MADAME PERRICHON
HENRIETTE, sa fille
UN AUBERGISTE
UN GUIDE
UN EMPLOYÉ DU CHEMIN DE FER
UN FACTEUR
COMMISSIONNAIRES, VOYAGEURS, ETC.

# ACTE PREMIER

Gare du chemin de fer de Lyon[1], à Paris.—Au fond, de face, barrière ouvrant sur les salles d'attente[2]. Au fond, à droite, guichet pour les billets. Au fond, à gauche, bancs. A droite, marchande[3] de gâteaux; à gauche, marchande de livres.

## SCÈNE PREMIÈRE

### MAJORIN, UN EMPLOYÉ DU CHEMIN DE FER, UN FACTEUR, VOYAGEURS, COMMISSIONNAIRES[4]

Majorin, *se promenant avec impatience.*—Ce Perrichon n'arrive pas! Voilà une heure que je l'attends... C'est pourtant bien[5] aujourd'hui qu'il doit partir pour la Suisse avec sa femme et sa fille... (*Avec amertume.*) Des carrossiers[6] qui vont en Suisse! Des carrossiers qui ont quarante mille livres de rentes! Des carrossiers qui ont voiture! Quel siècle! Tandis que moi, je gagne deux mille quatre cents francs... un employé laborieux, intelligent, toujours courbé sur son bureau... Aujourd'hui, j'ai demandé un congé... j'ai dit que j'étais de garde[7]... Il faut absolument que je voie Perrichon avant son départ... je veux le prier de m'avancer mon trimestre... six cents francs! Il va prendre son air protecteur... faire l'important[8]!... un carrossier! ça fait pitié[9]! Il n'arrive toujours[10] pas! on dirait qu'il le fait exprès! (*S'adressant à un facteur qui passe suivi de voyageurs.*) Monsieur... à quelle heure part le train direct pour Lyon?

LE FACTEUR, *brusquement.*—Demandez à l'employé[11], (*Il sort par la gauche[12].*)

MAJORIN.—Merci... manant! (*S'adressant à l'employé qui est près du guichet.*) Monsieur, à quelle heure part le train direct pour Lyon?

L'EMPLOYÉ, *brusquement.*—Ça ne me regarde pas! voyez l'affiche. (*Il désigne une affiche à la cantonade, à gauche.*)

MAJORIN.—Merci... (*A part.*) Ils sont polis dans ces administrations! Si jamais tu viens à mon bureau, toi!... Voyons l'affiche... (*Il sort à gauche.*)

# ACTE I, SCÈNE II

## L'EMPLOYÉ, PERRICHON, MADAME PERRICHON, HENRIETTE

*Ils entrent de la droite*

PERRICHON.—Par ici!... ne nous quittons pas! nous ne pourrions plus nous retrouver... Où sont nos bagages?... (*Regardant à droite; à la cantonade.*) Ah! très bien! Qui est-ce qui a les parapluies?

HENRIETTE.—Moi, papa.

PERRICHON.—Et le sac de nuit?... les manteaux?

MADAME PERRICHON.—Les voici!

PERRICHON.—Et mon panama?... Il est resté dans le fiacre! (*Faisant un mouvement pour sortir et s'arrêtant.*) Ah! non! je l'ai à la main!... Dieu, que j'ai chaud[1]!

MADAME PERRICHON.—C'est ta faute!... tu nous presses, tu nous bouscules!... je n'aime pas à voyager comme ça!

PERRICHON.—C'est le départ qui est laborieux: une fois que nous serons casés!... Restez là, je vais prendre les billets... (*Donnant son chapeau à Henriette.*) Tiens[2], garde-moi mon panama... (*Au guichet.*) Trois premières[3] pour Lyon?

L'EMPLOYÉ, *brusquement.*—Ce n'est pas ouvert! Dans un quart d'heure!

PERRICHON, *à l'employé.*—Ah! pardon! c'est la première fois que je voyage... (*Revenant à sa femme.*) Nous sommes en avance.

MADAME PERRICHON.—Là! quand je te disais que nous avions le temps...
Tu ne nous as pas laissé déjeuner!

PERRICHON.—Il vaut mieux être en avance!... on examine la gare! (*A Henriette.*) Eh bien! petite fille, es-tu contente?... Nous voilà partis!... encore quelques minutes, et, rapides comme la flèche de Guillaume Tell, nous nous élancerons vers les Alpes[4]! (*A sa femme.*) Tu as pris la lorgnette?

MADAME PERRICHON.—Mais oui!

HENRIETTE, *à son père.*—Sans reproches, voilà au moins deux ans que tu nous promets ce voyage.

PERRICHON.—Ma fille, il fallait que j'eusse vendu mon fonds... Un commerçant ne se retire pas aussi facilement des affaires qu'une petite fille de son pensionnat… D'ailleurs, j'attendais que ton éducation fût terminée pour la compléter en faisant rayonner devant toi le grand spectacle de la nature!

MADAME PERRICHON.—Ah ça! est-ce que vous allez continuer comme ça?

PERRICHON.—Quoi?

MADAME PERRICHON.—Vous faites des phrases dans une gare!

PERRICHON.—Je ne fais pas de phrases… j'élève les idées de l'enfant. (*Tirant de sa poche un petit carnet.*) Tiens, ma fille, voici un carnet que j'ai acheté pour toi.

HENRIETTE.—Pour quoi faire?

PERRICHON.—Pour écrire d'un côté la dépense et de l'autre les impressions.

HENRIETTE.—Quelles impressions?

PERRICHON.—Nos impressions de voyage! Tu écriras, et moi je dicterai.

MADAME PERRICHON.—Comment! vous allez vous faire auteur à présent?

PERRICHON.—Il ne s'agit pas de me faire auteur… mais il me semble qu'un homme du monde peut avoir des pensées et les recueillir sur un carnet!

MADAME PERRICHON.—Ce sera bien joli!

PERRICHON, *à part.*—Elle est comme ça chaque fois qu'elle n'a pas pris son café[5]!

UN FACTEUR, *poussant un petit chariot chargé de bagages.*—Monsieur, voici vos bagages. Voulez-vous les faire enregistrer?

PERRICHON.—Certainement! Mais avant, je vais les compter… parce que, quand on sait son compte[6]… Un, deux, trois, quatre, cinq, six, ma femme, sept, ma fille, huit, et moi, neuf. Nous sommes neuf[7].

LE FACTEUR.—Enlevez!

PERRICHON, *courant vers le fond.*—Dépêchons-nous!

LE FACTEUR.—Pas par là, c'est par ici! (*Il indique la gauche.*)

PERRICHON.—Ah! très bien! (*Aux femmes.*) Attendez-moi là!… ne nous perdons pas! (*Il sort en courant, suivant le facteur.*)

# ACTE I, SCÈNE III

MADAME PERRICHON, HENRIETTE, *puis* DANIEL

HENRIETTE.—Pauvre père! quelle peine il se donne!

MADAME PERRICHON.—Il est comme un ahuri[1]!

DANIEL, *entrant suivi d'un commissionnaire qui porte sa malle.*—Je ne sais pas encore où je vais, attendez! (*Apersevant Henriette.*) C'est elle! je ne me suis pas trompé! (*Il salue Henriette qui lui rend son salut.*)

MADAME PERRICHON, *à sa fille.*—Quel est ce monsieur?

HENRIETTE.—C'est un jeune homme qui m'a fait danser la semaine dernière au bal de la Mairie[2] du huitième arrondissement.

MADAME PERRICHON, *vivement.*—Un danseur! (*Elle salue Daniel.*)

DANIEL.—Madame!... mademoiselle!... je bénis le hasard[3]... Ces dames vont partir?...

MADAME PERRICHON.—Oui, monsieur!

DANIEL.—Ces dames vont à Marseille, sans doute?...

MADAME PERRICHON.—Non, monsieur.

DANIEL.—A Nice, peut-être?...

MADAME PERRICHON.—Non, monsieur!

DANIEL.—Pardon, madame... je croyais... Si mes services...

LE FACTEUR, *à Daniel.*—Bourgeois! vous n'avez que le temps pour vos bagages.

DANIEL.—C'est juste! allons! (*A part.*) J'aurais voulu savoir où elles vont... avant de prendre mon billet... (*Saluant.*) Madame... mademoiselle... (*A part.*) Elles partent, c'est le principal! (*Il sort par la gauche.*)

# ACTE I, SCÈNE IV

MADAME PERRICHON, HENRIETTE, *puis* ARMAND

MADAME PERRICHON.—Il est très bien[1], ce jeune homme!

ARMAND, *tenant un sac de nuit.*—Portez ma malle aux bagages... je vous rejoins! (*Apercevant Henriette.*) C'est elle! (*Ils se saluent.*)

MADAME PERRICHON.—Quel est ce monsieur?

HENRIETTE.—C'est encore un jeune homme qui m'a fait danser au bal du huitième arrondissement.

MADAME PERRICHON.—Ah ça! ils se sont donc tous donné rendez-vous ici?... n'importe, c'est un danseur! (*Saluant.*) Monsieur...

ARMAND.—Madame... mademoiselle... je bénis le hasard... Ces dames vont partir?...

MADAME PERRICHON.—Oui, monsieur.

ARMAND.—Ces dames vont à Marseille, sans doute?...

MADAME PERRICHON.—Non, monsieur.

ARMAND.—A Nice, peut-être?...

MADAME PERRICHON, *à part.*—Tiens, comme l'autre! (*Haut.*) Non, monsieur!

ARMAND.—Pardon, madame, je croyais... Si mes services...

MADAME PERRICHON, *à part.*—Après ça[2], ils sont du même arrondissement.

ARMAND, *à part.*—Je ne suis pas plus avancé... Je vais faire enregistrer ma malle... je reviendrai! (*Saluant.*) Madame... mademoiselle...

# ACTE I, SCÈNE V

MADAME PERRICHON, HENRIETTE, MAJORIN, *puis* PERRICHON

MADAME PERRICHON.—Il est très bien, ce jeune homme!… Mais que fait ton père? les jambes me rentrent dans le corps[1]!

MAJORIN, *entrant de la gauche.*—Je me sais trompé, ce train ne part que dans une heure!

HENRIETTE.—Tiens! monsieur Majorin!

MAJORIN, *à part.*—Enfin! les voila!

MADAME PERRICHON.—Vous! comment n'êtes-vous pas à votre bureau?

MAJORIN.—J'ai demandé un congé, belle dame; je ne voulais pas vous laisser partir sans vous faire mes adieux!

MADAME PERRICHON.—Comment! c'est pour cela que vous êtes venu! Ah! que c'est aimable!

MAJORIN.—Mais je ne vois pas Perrichon?

HENRIETTE.—Papa s'occupe des bagages.

PERRICHON, *entrant en courant, à la cantonade.*—Les billets d'abord! très bien!

MAJORIN.—Ah! le voici! Bonjour, cher ami!

PERRICHON, *très pressé.*—Ah! c'est toi! tu es bien gentil d'être venu!… Pardon, il faut que je prenne mes billets! (*Il le quitte.*)

MAJORIN, *à part.*—Il est poli!

PERRICHON, *à l'employé au guichet.*—Monsieur, on ne veut pas enregistrer mes bagages avant que je n'aie pris mes billets!

L'EMPLOYÉ.—Ce n'est pas ouvert! attendez!

PERRICHON.—Attendez! et là-bas ils m'ont dit: Dépêchez-vous! (*S'essuyant le front.*) Je suis en nage!

MADAME PERRICHON.—Et moi, je ne tiens plus sur mes jambes!

PERRICHON.—Eh bien, asseyez-vous! (*Indiquant le fond à gauche.*) Voilà des bancs… vous êtes bonnes de rester plantées là comme deux factionnaires!

MADAME PERRICHON.—C'est toi-même qui nous as dit: Restez-là! Tu n'en finis pas[2]! Tu es insupportable!

PERRICHON.—Voyons[3], Caroline!

MADAME PERRICHON.—Ton voyage! j'en ai déjà assez!

PERRICHON.—On voit bien que tu n'as pas pris ton café! Tiens, va t'asseoir!

MADAME PERRICHON.—Oui! mais dépêche-toi! (*Elle va s'asseoir avec Henriette.*)

# ACTE I, SCÈNE VI

## PERRICHON, MAJORIN

MAJORIN, *à part.*—Joli petit ménage!

PERRICHON, *à Majorin.*—C'est toujours comme ça quand elle n'a pas pris son café… Ce bon Majorin! c'est bien gentil à toi d'être venu!

MAJORIN.—Oui, je voulais te parler d'une petite affaire.

PERRICHON, *distrait.*—Et mes bagages qui sont restés là-bas sur une table[1]!… Je suis inquiet! (*Haut.*) Ce bon Majorin! c'est bien gentil à toi d'être venu!… (*A part.*) Si j'y[2] allais!

MAJORIN.—J'ai un petit service à te demander.

PERRICHON.—A moi?

MAJORIN.—J'ai déménagé… et si tu voulais m'avancer un trimestre de mes appointements… six cents francs…

PERRICHON.—Comment! ici?

MAJORIN.—Je crois t'avoir toujours rendu, exactement l'argent que tu m'as prêté.

PERRICHON,—Il ne s'agit pas de ça[3]!

MAJORIN.—Pardon! je tiens à le constater[4]… Je touche mon dividende des paquebots le huit du mois prochain; j'ai douze actions… et si tu n'as pas confiance en moi, je te remettrai les titres en garantie.

PERRICHON.—Allons donc[5]! es-tu bête!

MAJORIN, *sèchement.*—Merci!

PERRICHON.—Pourquoi diable aussi[6] viens-tu me demander ça au moment où je pars?… j'ai pris juste l'argent nécessaire à mon voyage.

MAJORIN.—Après tout, si ça te gêne… n'en parlons plus. Je m'adresserai à des usuriers qui me prendront cinq pour cent par an[7]… je n'en mourrai pas!

PERRICHON, *tirant son portefeuille.*—Voyons, ne te fâche pas!… tiens, les voilà tes six cents francs, mais n'en parle pas à ma femme.

MAJORIN, *prenant les billets.*—Je comprends! elle est si avare!

PERRICHON.—Comment, avare!

MAJORIN.—Je veux dire qu'elle a de l'ordre[8]!

PERRICHON.—Il faut ça, mon ami!… il faut ça!

MAJORIN, *sèchement.*—Allons! c'est six cents francs que je te dois… adieu! (*A part.*) Que d'histoires! pour six cents francs!… et ça[9] va en Suisse!… Carrossier! (*Il disparaît à droite.*)

PERRICHON.—Eh bien, il part? il ne m'a seulement pas dit merci! mais au fond, je crois qu'il m'aime! (*Apercevant le guichet ouvert.*) Ah! sapristi! on distribue les billets!… (*Il se précipite vers la balustrade[10] et bouscule cinq ou six personnes qui font la queue.*)

UN VOYAGEUR.—Faites donc attention, monsieur!

L'EMPLOYÉ, *à Perrichon.*—Prenez votre tour, vous, là-bas!

PERRICHON, *à part.*—Et mes bagages!… et ma femme!… (*Il se met à la queue.*)

# ACTE I, SCÈNE VII

LES MÊMES, LE COMMANDANT *suivi de* JOSEPH, *qui porte sa valise*

LE COMMANDANT.—Tu m'entends[1] bien?

JOSEPH.—Oui, mon commandant.

LE COMMANDANT.—Tu diras à Anita que tout est fini… bien fini.

JOSEPH.—Oui, mon commandant.

LE COMMANDANT.—Et si elle demande où je suis… quand je reviendrai… tu répondras que tu n'en sais rien… Je ne veux plus entendre parler d'elle.

JOSEPH.—Oui, mon commandant.

PERRICHON.—J'ai mes billets!… vite! à mes bagages! Quel mètier que d'aller à Lyon! (*Il sort en courant.*)

LE COMMANDANT.—Tu m'as bien compris?

JOSEPH.—Sauf votre respect[2], mon commandant, c'est bien inutile de partir.

LE COMMANDANT.—Pourquoi?

JOSEPH.—Parce qu'à son retour, mon commandant redeviendra amoureux de mademoiselle Anita.

LE COMMANDANT.—Oh!

JOSEPH.—Alors, autant vaudrait[3] ne pas la quitter; les raccommodements coûtent toujours quelque chose à mon commandant.

LE COMMANDANT.—Ah! cette fois, c'est sérieux!

JOSEPH.—Adieu, mon commandant.

LE COMMANDANT *s'approche du guichet et revient.*—Ah! tu m'écriras à Genève, poste restante… tu me donneras des nouvelles de… ta santé…

JOSEPH, *flatté.*—Mon commandant est bien bon!

LE COMMANDANT.—Et puis, tu me diras si l'on[4] a eu du chagrin en apprenant mon départ… si l'on a pleuré…

JOSEPH.—Qui ça, mon commandant?…

LE COMMANDANT.—Eh parbleu! elle! Anita!

JOSEPH.—Vous vous réconcilierez avec elle, mon commandant!

LE COMMANDANT.—Jamais!

JOSEPH.—Ça fera la huitième fois.

LE COMMANDANT.—Allons, c'est bien[5]! donne-moi ma valise, et écris-moi à Genève… demain ou ce soir! bon jour!

JOSEPH.—Bon voyage, mon commandant! (*A part.*) Il sera revenu avant huit jours! O les femmes!… et les hommes!… (*Il sort.—Le Commandant va prendre son billet et entre dans la salle d'attente.*)

# ACTE I, SCÈNE VIII

MADAME PERRICHON, HENRIETTE, *puis* PERRICHON, UN FACTEUR

MADAME PERRICHON, *se levant avec sa fille.*—Je suis lasse d'être assise!

PERRICHON, *entrant en courant.*—Enfin! c'est fini! j'ai mon bulletin[1]! je suis enregistré!

MADAME PERRICHON.—Ce n'est pas malheureux[2]!

LE FACTEUR, *poussant son chariot vide, à Perrichon.*—Monsieur... n'oubliez pas le facteur, s'il vous plaît...

PERRICHON.—Ah! oui... Attendez... (*Se concertant avec sa femme et sa fille.*) Qu'est-ce qu'il faut lui donner à celui-là, dix sous?...

MADAME PERRICHON.—Quinze.

HENRIETTE.—Vingt.

PERRICHON.—Allons... va pour[3] vingt sous! (*Les lui donnant.*) Tenez, mon garçon.

LE FACTEUR.—Merci, monsieur! (*Il sort.*)

MADAME PERRICHON.—Entrons-nous?

PERRICHON.—Un instant... Henriette, prends ton carnet et écris.

MADAME PERRICHON.—Déjà!

PERRICHON, *dictant.*—Dépenses: fiacre, deux francs... chemin de fer, cent soixante-douze francs cinq centimes... facteur, un franc.

HENRIETTE.—C'est fait.

PERRICHON.—Attends! impression[4]!

MADAME PERRICHON, *à part.*—Il est insupportable!

PERRICHON, *dictant.*—Adieu, France... reine des nations! (*S'interrompant.*) Eh bien! et mon panama?... je l'aurai laissé[5] aux bagages! (*Il veut courir.*)

MADAME PERRICHON.—Mais non, le voici!

PERRICHON.—Ah! oui. (*Dictant.*) Adieu, France! reine des nations[6]! (*On entend la cloche et l'on voit accourir plusieurs voyageurs.*)

MADAME PERRICHON.—Le signal! tu vas nous faire manquer le convoi!

PERRICHON.—Entrons, nous finirons cela plus tard! (*L'employé l'arrête à la barrière pour voir les billets, Perrichon querelle sa femme, et sa fille finit par trouver les billets dans sa[7] poche. Ils entrent dans la salle d'attente.*)

# ACTE I, SCÈNE IX

ARMAND, DANIEL, *puis* PERRICHON

*Daniel, qui vient de prendre son billet, est heurté par Armand qui veut prendre le sien*

ARMAND.—Prenez donc garde!

DANIEL.—Faites attention vous-même!

ARMAND.—Daniel!

DANIEL.—Armand!

ARMAND.—Vous partez?

DANIEL.—A l'instant! et vous?

ARMAND.—Moi aussi!

DANIEL.—C'est charmant! nous ferons route ensemble! j'ai des cigares de première classe… et où allez-vous?

ARMAND.—Ma foi, mon cher ami, je n'en sais rien encore.

DANIEL.—Tiens! c'est bizarre! ni moi non plus! J'ai pris un billet jusqu'à Lyon.

ARMAND.—Vraiment? moi aussi! je me dispose à suivre une demoiselle charmante.

DANIEL.—Tiens! moi aussi.

ARMAND.—La fille d'un carrossier!

DANIEL.—Perrichon?

ARMAND.—Perrichon!

DANIEL.—C'est la même!

ARMAND.—Mais je l'aime, mon cher Daniel.

DANIEL.—Je l'aime également, mon cher Armand.

ARMAND.—Je veux l'épouser!

DANIEL.—Moi, je veux la demander en mariage… ce qui est à peu près la même chose.

ARMAND.—Mais nous ne pouvons l'épouser tous les deux!

DANIEL.—En France, c'est défendu.

ARMAND.—Que faire?

DANIEL.—C'est bien simple! puisque nous sommes sur le marchepied du wagon, continuons gaiement notre voyage... cherchons à plaire... à nous faire aimer[1], chacun de notre côté!

ARMAND, *riant.*—Alors, c'est un concours!... un tournoi!...

DANIEL.—Une lutte loyale... et amicale... Si vous êtes vainqueur... je m'inclinerai... si je l'emporte, vous ne me tiendrez pas rancune! Est-ce dit?

ARMAND.—Soit! j'accepte.

DANIEL.—La main, avant la bataille?

ARMAND.—Et la main après. (*Ils se donnent la main.*)

PERRICHON, *entrant en courant, à la cantonade.*—Je te dis que j'ai le temps!

DANIEL.—Tiens! notre beau-père!

PERRICHON, *à la marchande de livres.*—Madame, je voudrais un livre pour ma femme et ma fille... un livre qui ne parle ni de galanterie, ni d'argent, ni de politique, ni de mariage, ni de mort.

DANIEL, *à part.*—Robinson Crusoé!

LA MARCHANDE.—Monsieur, j'ai votre affaire[2]. (*Elle lui remet un volume.*)

PERRICHON, *lisant.*—*Les Bords de la Saône*[3]: deux francs! (*Payant.*) Vous me jurez qu'il n'y a pas de bêtises[4] là-dedans? (*On entend la cloche.*) Ah diable! Bonjour, madame. (*Il sort en courant.*)

ARMAND.—Suivons-le!

DANIEL.—Suivons! C'est égal[5], je voudrais bien savoir où nous allons?... (*On voit courir plusieurs voyageurs.—Tableau*[6].)

# ACTE DEUXIÈME

Un intérieur d'auberge au Montanvert[1], près de la mer de Glace.—Au fond, à droite, porte d'entrée; au fond, à gauche, fenêtre; vue de montagnes couvertes de neige; à gauche, porte et cheminée haute. —Table; à droite, table où est le livre des voyageurs, et porte.

## SCÈNE PREMIÈRE

### ARMAND, DANIEL, L'AUBERGISTE, UN GUIDE

*Daniel et Armand sont assis à une table et déjeunent*

L'AUBERGISTE.—Ces messieurs[2] prendront-ils autre chose?

DANIEL.—Tout à l'heure… du café.

ARMAND.—Faites manger le guide; après, nous partirons pour la mer de Glace.

L'AUBERGISTE.—Venez, guide. (*Il sort, suivi du guide, par la droite.*)

DANIEL.—Eh bien! mon cher Armand?

ARMAND.—Eh bien! mon cher Daniel?

DANIEL.—Les opérations[3] sont engagées, nous avons commencé l'attaque.

ARMAND.—Notre premier soin a été de nous introduire dans le même wagon[4] que la famille Perrichon; le papa avait déjà mis sa calotte.

DANIEL.—Nous les avons bombardés de prévenances, de petits soins[5].

ARMAND.—Vous avez prêté votre journal à monsieur Perrichon, qui a dormi dessus… En échange, il vous a offert *les Bords de la Saône*… un livre avec des images.

DANIEL.—Et vous, à partir de Dijon[6], vous avez tenu un store dont la mécanique[7] était dérangée; ça a dû vous fatiguer.

ARMAND.—Oui, mais la maman m'a comblé de pastilles de chocolat.

DANIEL.—Gourmand!… vous vous êtes fait nourrir[8].

ARMAND.—A Lyon, nous descendons au même hôtel…

DANIEL.—Et le papa, en nous retrouvant, s'écrie: Ah! quel heureux hasard!…

ARMAND.—A Genève, même rencontre… imprévue…

DANIEL.—A Chamouny[9], même situation; et le Perrichon de s'écrier toujours: Ah! quel heureux hasard!...

ARMAND.—Hier soir, vous apprenez que la famille se dispose à venir voir la mer de Glace, et vous venez me chercher dans ma chambre... dès l'aurore... c'est un trait de gentilhomme[10]!

DANIEL.—C'est dans notre programme... lutte loyale!... Voulez-vous de l'omelette?

ARMAND.—Merci[11]... Mon cher, je dois vous prévenir... loyalement, que de Châlon[12] à Lyon, mademoiselle Perrichon m'a regardé trois fois.

DANIEL.—Et moi quatre!

ARMAND.—Diable! c'est sérieux!

DANIEL.—Ça le[13] sera bien davantage quand elle ne nous regardera plus... Je crois qu'en ce moment elle nous préfère tous les deux... ça peut durer longtemps comme ça; heureusement que nous sommes gens de loisir.

ARMAND.—Ah ça! expliquez-moi comment vous avez pu vous éloigner de Paris, étant le gérant d'une société de paquebots...

DANIEL.—*Les Remorqueurs sur la Seine*... capital social, deux millions. C'est bien simple: je me suis demandé un petit congé, et je n'ai pas hésité à me l'accorder... J'ai de bons employés; les paquebots vont tout seuls[14], et pourvu que je sois à Paris le huit du mois prochain pour le paiement du dividende... Ah çà! et vous? un banquier!... il me semble que vous pérégrinez beaucoup!

ARMAND.—Oh! ma maison de banque ne m'occupe guère... J'ai associé mes capitaux en réservant la liberté de ma personne[15], je suis banquier...

DANIEL.—Amateur!

ARMAND.—Je n'ai, comme vous, affaire à Paris que vers le huit du mois prochain.

DANIEL.—Et d'ici là nous allons nous faire une guerre à outrance...

ARMAND.—A outrance! comme deux bons amis... J'ai eu un moment la pensée de vous céder la place; mais j'aime sérieusement Henriette...

DANIEL.—C'est singulier... je voulais vous faire le même sacrifice... sans rire... A Châlon, j'avais envie de décamper, mais je l'ai regardée...

ARMAND.—Elle est si jolie!

DANIEL.—Si douce!

ARMAND.—Si blonde!

DANIEL.—Il n'y a presque plus de blondes[16]; et des yeux!

ARMAND.—Comme nous les aimons[17].

DANIEL.—Alors je suis resté!

ARMAND.—Ah! je vous comprends!

DANIEL.—A la bonne heure! C'est un plaisir de vous avoir pour ennemi! (*Lui serrant la main.*) Cher Armand!

ARMAND, *de même.*—Bon Daniel! Ah çà! monsieur Perrichon n'arrive pas! Est-ce qu'il aurait changé son itinéraire? Si nous allions les perdre!...

DANIEL.—Diable! c'est qu'il[18] est capricieux, le bonhomme... Avant-hier il nous a envoyés nous promener à Ferney[19] où nous comptions le retrouver...

ARMAND.—Et pendant ce temps, il était allé à Lausanne.

DANIEL.—Eh bien, c'est drôle de voyager comme cela! (*Voyant Armand qui se leve.*) Où allez-vous donc?

ARMAND.—Je ne tiens pas en place[20], j'ai envie d'aller au-devant de ces dames.

DANIEL.—Et le café?

ARMAND.—Je n'en prendrai pas... Au revoir! (*Il sort vivement par le fond.*)

# ACTE II, SCÈNE II

DANIEL, *puis* L'AUBERGISTE, *puis* LE GUIDE

DANIEL.—Quel excellent garçon! c'est tout coeur, tout feu[1]… mais ça ne sait pas vivre; il est parti sans prendre son café! (*Appelant.*) Holà!… monsieur l'aubergiste!

L'AUBERGISTE, *paraissant.*—Monsieur?

DANIEL.—Le café. (*L'aubergiste sort. Daniel allume un cigare.*) Hier, j'ai voulu faire fumer le beau-père… ça ne lui a pas réussi[2]…

L'AUBERGISTE, *apportant le café.*—Monsieur est servi.

DANIEL, *s'asseyant derrière la table devant la cheminée et étendant une jambe sur la chaise d'Armand.*—Approchez cette chaise… très bien… (*Il a désigné une autre chaise, il y étend l'autre jambe.*) Merci!… Ce pauvre Armand! il court sur la grande route, lui, en plein soleil[3]… et moi, je m'étends! Qui arrivera le premier de nous deux? nous avons[4] la fable du *Lièvre et de la Tortue.*

L'AUBERGISTE, *lui présentant un registre.*—Monsieur veut-il écrire quelque chose sur le livre des voyageurs?

DANIEL.—Moi?… je n'écris jamais après mes repas, rarement avant… Voyons les pensées délicates et ingénieuses des visiteurs. (*Il feuillette le livre, lisant.*) «Je ne me suis jamais mouché si haut[5]!…» Signé: «Un voyageur enrhumé…» (*Il continue à feuilleter.*) Oh! la belle écriture[6]! (*Lisant.*) «Qu'il est beau d'admirer les splendeurs de la nature, entouré de sa femme et de sa nièce!…» Signé: «Malaquais, rentier…» Je me suis toujours demandé pourquoi les Français, si spirituels chez eux, sont si bêtes en voyage! (*Cris et tumulte au dehors.*)

L'AUBERGISTE.—Ah! mon Dieu!

DANIEL.—Qu'y a-t-il?

# ACTE II, SCÈNE III

### DANIEL, PERRICHON, ARMAND, MADAME PERRICHON, HENRIETTE, L'AUBERGISTE

*Perrichon entre, soutenu par sa femme et le guide*

ARMAND.—Vite, de l'eau! du sel! du vinaigre!

DANIEL.—Qu'est-il donc arrivé?

HENRIETTE.—Mon père a manqué de se tuer!

DANIEL.—Est-il possible?

PERRICHON, *assis.*—Ma femme!... ma fille!... Ah! je me sens mieux!...

HENRIETTE, *lui présentant un verre d'eau sucrée.*—Tiens!... bois! ça te remettra...

PERRICHON.—Merci... quelle culbute! (*Il boit.*)

MADAME PERRICHON.—C'est ta faute aussi... vouloir monter à cheval, un père de famille!... et avec des éperons encore!

PERRICHON.—Les éperons n'y sont pour rien[1]... c'est la bête qui est ombrageuse.

MADAME PERRICHON.—Tu l'auras piquée[2] sans le vouloir, elle s'est cabrée...

HENRIETTE.—Et sans monsieur Armand qui venait d'arriver... mon père disparaissait[3] dans un précipice...

MADAME PERRICHON.—Il y était déjà... je le voyais rouler comme une boule... nous poussions des cris!...

HENRIETTE.—Alors, monsieur s'est élancé!...

MADAME PERRICHON.—Avec un courage, un sangfroid!... Vous êtes notre sauveur... car sans vous mon mari... mon pauvre ami... (*Elle éclate en sanglots.*)

ARMAND.—Il n'y a plus de danger... calmez-vous!

MADAME PERRICHON, *pleurant toujours.*—Non! ça me fait du bien! (*A son mari.*) Ça t'apprendra à mettre des éperons. (*Sanglotant plus fort.*) Tu n'aimes pas ta famille.

HENRIETTE, *à Armand.*—Permettez-moi d'ajouter mes remercîments à ceux de ma mère; je garderai toute ma vie le souvenir de cette journée... toute ma vie!...

ARMAND.—Ah! mademoiselle!

PERRICHON, *à part.*—A mon tour[4]!... (*Haut.*) Monsieur Armand!... non, laissez-moi vous appeler Armand!

ARMAND.—Comment donc[5]!

PERRICHON.—Armand... donnez-moi la main... Je ne sais pas faire de phrases, moi... mais tant qu'il battra, vous aurez une place dans le coeur de Perrichon! (*Lui serrant la main.*) Je ne vous dis que cela!

MADAME PERRICHON.—Merci!... monsieur Armand!

HENRIETTE.—Merci, monsieur Armand!

ARMAND.—Mademoiselle Henriette!

DANIEL, *à part.*—Je commence à croire que j'ai eu tort de prendre mon café!

MADAME PERRICHON, *à l'aubergiste.*—Vous ferez reconduire le cheval[6], nous retournerons tous en voiture...

PERRICHON, *se levant.*—Mais je t'assure, ma chère amie, que je suis assez bon cavalier... (*Poussant un cri.*) Aïe!

Tous.—Quoi?

PERRICHON.—Rien!... les reins! Vous ferez reconduire le cheval!

MADAME PERRICHON.—Viens te reposer un moment; au revoir, monsieur
Armand!

HENRIETTE.—Au revoir, monsieur Armand!

PERRICHON, *serrant énergiquement la main d'Armand.*—A bientôt... Armand! (*Poussant un second cri.*) Aïe!... j'ai trop serré[7]! (*Il entre à gauche suivi de sa femme et de sa fille.*)

# ACTE II, SCÈNE IV

## ARMAND, DANIEL

ARMAND.—Qu'est-ce que vous dites de cela, mon cher Daniel?

DANIEL.—Que voulez-vous[1]? c'est de la veine!... vous sauvez le père, vous cultivez le précipice[2], ce n'était pas dans le programme!

ARMAND.—C'est bien le hasard...

DANIEL.—Le papa vous appelle Armand, la mère pleure et la fille vous décoche des phrases bien senties... Je suis vaincu, c'est clair! et je n'ai plus qu'à vous céder la place[3]...

ARMAND.—Allons donc! vous plaisantez...

DANIEL.—Je plaisante si peu que, dès ce soir, je pars pour Paris...

ARMAND.—Comment?

DANIEL.—Où vous retrouverez[4] un ami... qui vous souhaite bonne chance!

ARMAND.—Vous partez! ah! merci!

DANIEL.—Voilà un cri du coeur[5]!

ARMAND.—Ah! pardon! je le retire!... après le sacrifice que vous me faites...

DANIEL.—Moi? entendons-nous bien... Je ne vous fais pas le plus léger sacrifice. Si je me retire, c'est que je ne crois avoir aucune chance de réussir; car, maintenant encore, s'il s'en présentait une... même petite, je resterais.

ARMAND.—Ah!

DANIEL.—Est-ce singulier! Depuis qu'Henriette m'échappe, il me semble que je l'aime davantage.

ARMAND.—Je comprends cela... aussi[6], je ne vous demanderai pas le service que je voulais vous demander...

DANIEL.—Quoi donc?

ARMAND.—Non, rien...

DANIEL.—Parlez... je vous en prie.

ARMAND.—J'avais songé... puisque vous partez, à vous prier de voir monsieur Perrichon, de lui toucher quelques mots de ma position, de mes espérances.

DANIEL.—Ah! diable!

ARMAND.—Je ne puis le faire moi-même… j'aurais l'air de réclamer le prix du service que je viens de lui rendre.

DANIEL.—Enfin, vous me priez de faire la demande[7] pour vous? Savez-vous que c'est original, ce que vous me demandez là!

ARMAND.—Vous refusez?…

DANIEL.—Ah! Armand! j'accepte!

ARMAND.—Mon ami[8]!

DANIEL.—Avouez que je suis un bien bon petit rival, un rival qui fait la demande! (*Voix de Perrichon dans la coulisse.*) J'entends le beau-père! Allez fumer un cigare et revenez!

ARMAND.—Vraiment! je ne sais comment vous remercier…

DANIEL.—Soyez tranquille[9], je vais faire vibrer chez lui la corde de la reconnaissance. (*Armand sort par le fond.*)

# ACTE II, SCÈNE V

DANIEL, PERRICHON, *puis* L'AUBERGISTE

PERRICHON, *entrant et parlant à la cantonade.*—Mais certainement il m'a sauvé! certainement il m'a sauvé[1], et, tant que battra le coeur de Perrichon... Je le lui ai dit...

DANIEL.—Eh bien! monsieur Perrichon... vous sentez-vous mieux?

PERRICHON.—Ah! je suis tout à fait remis... je viens de boire trois gouttes de rhum dans un verre d'eau, et dans un quart d'heure, je compte gambader sur la mer de Glace. Tiens, votre ami n'est plus là?

DANIEL.—Il vient de sortir.

PERRICHON.—C'est un brave jeune homme!... ces dames l'aiment beaucoup.

DANIEL.—Oh! quand elles le connaîtront davantage!... un coeur d'or! obligeant, dévoué, et d'une modestie[2]!...

BERRICHON.—Oh! c'est rare.

DANIEL.—Et puis il est banquier... c'est un banquier!...

PERRICHON.—Ah!

DANIEL.—Associé de la maison Turneps, Desroches et Cie. Dites donc[3], c'est assez flatteur d'être repêché par un banquier... car enfin[4], il vous a sauvé!... Hein? sans lui!...

PERRICHON.—Certainement... certainement. C'est très gentil ce qu'il a fait là!

DANIEL, *étonné.*—Comment, gentil[5]!

PERRICHON.—Est-ce que vous allez vouloir atténuer le mérite de son action?

DANIEL.—Par exemple[6]!

PERRICHON.—Ma reconnaissance ne finira qu'avec ma vie... ça[7]!... tant que le coeur de Perrichon battra... Mais, entre nous, le service qu'il m'a rendu n'est pas aussi grand que ma femme et ma fille veulent bien le dire.

DANIEL, *étonné.*—Ah bah!

PERRICHON.—Oui. Elles se montent la tête. Mais, vous savez, les femmes!...

DANIEL.—Cependant, quand Armand vous a arrêté, vous rouliez...

PERRICHON.—Je roulais, c'est vrai... mais avec une présence d'esprit étonnante... J'avais aperçu un petit sapin après lequel j'allais me cramponner; je le tenais déjà quand votre ami est arrivé.

DANIEL, *à part.*—Tiens, tiens! vous allez voir qu'il s'est sauvé tout seul.

PERRICHON.—Au reste, je ne lui sais pas moins gré de sa bonne intention... Je compte le revoir... lui réitérer mes remercîments... je l'inviterai même cet hiver.

DANIEL, *à part.*—Une tasse de thé[8]!

PERRICHON.—Il paraît que ce n'est pas la première fois qu'un pareil accident arrive à cet endroit-là... c'est un mauvais pas[9]... L'aubergiste vient de me raconter que, l'an dernier, un Russe... un prince... très bon cavalier!... car ma femme a beau dire[10], ça ne tient pas à mes éperons!... avait roulé dans le même trou.

DANIEL.—En vérité!

PERRICHON.—Son guide l'a retiré... Vous voyez! qu'on s'en retire parfaitement[11]. Eh bien! le Russe lui a donné cent francs!

DANIEL.—C'est très bien payé!

PERRICHON.—Je le crois bien[12]!... Pourtant c'est ce que ça vaut...

DANIEL.—Pas un sou de plus. (*A part.*) Oh! mais je ne pars pas[13].

PERRICHON, *remontant.*—Ah ça! ce guide n'arrive pas?

DANIEL.—Est-ce que ces dames sont prêtes?

PERRICHON.—Non... elles ne viendront pas: vous comprenez?... mais je compte sur vous.

DANIEL.—Et sur Armand?

PERRICHON.—S'il veut être des nôtres[14], je ne refuserai certainement pas la compagnie de M. Desroches.

DANIEL, *à part.*—M. Desroches! Encore un peu et il va le prendre en grippe!

L'AUBERGISTE, *entrant de la droite.*—Monsieur!...

PERRICHON.—Eh bien! ce guide?

L'AUBERGISTE.—Il est à la porte... Voici vos chaussons.

PERRICHON.—Ah! oui! il paraît[15] qu'on glisse dans les crevasses là-bas... et comme je ne veux avoir d'obligation à personne...

L'AUBERGISTE, *lui présentant le registre.*—Monsieur écrit-il sur le livre des voyageurs?

PERRICHON.—Certainement… mais je ne voudrais pas écrire quelque chose d'ordinaire… il me faudrait… là… une pensée!… une jolie pensée!… (*Rendant le livre à l'aubergiste.*) Je vais y rêver[16] en mettant mes chaussons. (*A Daniel.*) Je suis à vous dans la minute. (*Il entre à droite suivi de l'aubergiste.*)

# ACTE II, SCÈNE VI

DANIEL, *puis* ARMAND

DANIEL, *seul.*—Ce carrossier est un trésor d'ingratitude. Or, les trésors appartiennent à ceux qui les trouvent, article 716 du Code civil[1]...

ARMAND, *paraissant à la porte du fond.*—Eh bien?

DANIEL, *à part.*—Pauvre garçon!

ARMAND.—L'avez-vous vu?

DANIEL.—Oui.

ARMAND.—Lui avez-vous parlé?

DANIEL.—Je lui ai parlé.

ARMAND.—Alors vous avez fait ma demande?...

DANIEL.—Non.

ARMAND.—Tiens! pourquoi?

DANIEL.—Nous nous sommes promis d'être francs vis-à-vis l'un de l'autre... Eh bien! mon cher Armand, je ne pars plus, je continue la lutte.

ARMAND, *étonné.*—Ah! c'est différent!... et peut-on vous demander les motifs qui ont changé votre détermination?

DANIEL.—Les motifs... j'en ai un puissant: je crois réussir.

ARMAND.—Vous?

DANIEL.—Je compte prendre un autre chemin que le vôtre et arriver plus vite.

ARMAND.—C'est très bien... vous êtes dans votre droit...

DANIEL.—Mais la lutte n'en continuera pas moins loyale et amicale?

ARMAND.—Oui.

DANIEL.—Voilà un oui un peu sec!

ARMAND.—Pardon!... (*Lui tendant la main.*) Daniel, je vous le promets...

DANIEL.—A la bonne heure! (*Il remonte.*)

# ACTE II, SCÈNE VII

LES MÊMES, PERRICHON, *puis* L'AUBERGISTE

PERRICHON.—Je suis prêt... j'ai mis mes chaussons... Ah! monsieur Armand!

ARMAND.—Vous sentez-vous remis de votre chute?

PERRICHON.—Tout à fait! ne parlons plus de ce petit accident... c'est oublié!

DANIEL, *à part.*—Oublié! il est plus vrai que nature[l]...

PERRICHON.—Nous partons pour la mer de Glace... êtes-vous des nôtres?

ARMAND.—Je suis un peu fatigué... je vous demanderai la permission de rester...

PERRICHON, *avec empressement.*—Très volontiers! ne vous gênez pas[2]! (*A l'aubergiste qui entre.*) Ah! monsieur l'aubergiste, donnez-moi le livre des voyageurs. (*Il s'assied à droite et écrit.*)

DANIEL, *à part.*—Il paraît qu'il a trouvé sa pensée... la jolie pensée.

PERRICHON, *achevant d'écrire.*—Là... voilà ce que c'est! (*Lisant avec emphase.*) «Que l'homme est petit quand on le contemple du haut de la *mère* de Glace!»

DANIEL.—Sapristi! c'est fort!

ARMAND, *à part.*—Courtisan!

PERRICHON, *modestement.*—Ce n'est pas l'idée de tout le monde.

DANIEL, *à part.*—Ni l'orthographe; il a écrit *mère, r, e, re*[3]!

PERRICHON, *à l'aubergiste, lui montrant le livre ouvert sur la table.*—Prenez garde! c'est frais!

L'AUBERGISTE.—Le guide attend ces messieurs avec les bâtons ferrés.

PERRICHON.—Allons! en route!

DANIEL.—En route! (*Daniel et Perrichon sortent suivis de l'aubergiste.*)

# ACTE II, SCÈNE VIII

ARMAND, *puis* L'AUBERGISTE *et* LE COMMANDANT MATHIEU

ARMAND.—Quel singulier revirement chez Daniel! Ces dames sont là... elles ne peuvent tarder à sortir[1], je veux les voir... leur parler... (*S'asseyant vers la cheminée et prenant un journal.*) Je vais les attendre.

L'AUBERGISTE, *à la cantonade.*—Par ici, monsieur!...

LE COMMANDANT, *entrant.*—Je ne reste qu'une minute... je repars à l'instant pour là mer de Glace... (*S'asseyant devant la table sur laquelle est resté le registre ouvert.*) Faites-moi servir[2] un grog au kirsch, je vous prie.

L'AUBERGISTE, *sortant à droite.*—Tout de suite, monsieur.

LE COMMANDANT, *apercevant le registre.*—Ah! ah! le livre des voyageurs! voyons... (*Lisant.*) «Que l'homme est petit quand on le contemple du haut de la *mère* de Glace!...» Signé Perrichon... *mère*! Voilà un monsieur qui mérite une leçon d'orthographe.

L'AUBERGISTE, *apportant le grog.*—Voici, monsieur. (*Il le pose sur la table à gauche.*)

LE COMMANDANT, *tout[3] en écrivant sur le registre.*—Ah, monsieur l'aubergiste...

L'AUBERGISTE.—Monsieur?

LE COMMANDANT.—Vous n'auriez pas[4] parmi les personnes qui sont venues chez vous ce matin un voyageur du nom d'Armand Desroches?

ARMAND.—Hein?... c'est moi, monsieur.

LE COMMANDANT, *se levant.*—Vous, monsieur!... pardon! (*A l'aubergiste.*) Laissez-nous. (*L'aubergiste sort.*) C'est bien à monsieur Armand Desroches de la maison Turneps, Desroches et Cie que j'ai l'honneur de parler?

ARMAND.—Oui, monsieur.

LE COMMANDANT.—Je suis le commandant Mathieu. (*Il s'assied à gauche et prend son grog.*)

ARMAND.—Ah! enchanté!... mais je ne crois pas avoir l'avantage de vous connaître, commandant.

LE COMMANDANT.—Vraiment? Alors je vous apprendrai que vous me poursuivez à outrance pour une lettre de change que j'ai eu l'imprudence de mettre dans la circulation...

ARMAND.—Une lettre de change!

LE COMMANDANT.—Vous avez même obtenu contre moi une prise de corps.

ARMAND.—C'est possible, commandant, mais ce n'est pas moi, c'est la maison qui agit.

LE COMMANDANT.—Aussi[5] n'ai-je aucun ressentiment contre vous… ni contre votre maison… seulement, je tenais à vous dire que je n'avais pas quitté Paris pour échapper aux poursuites.

ARMAND.—Je n'en doute pas.

LE COMMANDANT.—Au contraire!… Dès que je serai de retour à Paris, dans une quinzaine, avant peut-être… je vous le ferai savoir, et je vous serai infiniment obligé de me faire mettre à Clichy[6]… le plus tôt possible?…

ARMAND.—Vous plaisantez, commandant…

LE COMMANDANT.—Pas le moins du monde!… Je vous demande cela comme un service…

ARMAND.—J'avoue que je ne comprends pas…

LE COMMANDANT (*ils se lèvent*).—Mon Dieu! je suis moi-même un peu embarrassé pour vous expliquer… Pardon, êtes-vous garçon[7]?

ARMAND.—Oui, commandant.

LE COMMANDANT.—Oh! alors! je puis vous faire ma confession… J'ai le malheur d'avoir une faiblesse… J'aime.

ARMAND.—Vous?

LE COMMANDANT.—C'est bien ridicule à mon âge, n'est-ce pas?

ARMAND.—Je ne dis pas ça.

LE COMMANDANT.—Oh! ne vous gênez pas[8]! Je me suis affolé d'une jeune personne qui se nomme Anita… et qui se moque de moi. Cela me ruine. Je veux la quitter, je pars, je fais deux cents lieues; j'arrive à la mer de Glace… et je ne suis pas sûr de ne pas retourner ce soir à Paris!… C'est plus fort que moi!… L'amour à cinquante ans… voyez-vous[9]… c'est comme un rhumatisme, rien ne le guérit.

ARMAND, *riant.*—Commandant, je n'avais pas besoin de cette confidence pour arrêter les poursuites… je vais écrire immédiatement à Paris…

LE COMMANDANT, *vivement.*—Mais, du tout![10] n'écrivez pas! Je tiens à être enfermé; c'est peut-être un moyen de guérison. Je n'en ai pas encore essayé.

ARMAND.—Mais cependant…

LE COMMANDANT.—Permettez! j'ai la loi pour moi[11].

ARMAND.—Allons, commandant! puisque vous le voulez…

LE COMMANDANT.—Je vous en prie… instamment… Dès que je serai de retour… je vous ferai passer ma carte et vous pourrez faire instrumenter… Je ne sors jamais avant dix heures. (*Saluant.*) Monsieur, je suis bien heureux d'avoir eu l'honneur de faire votre connaissance.

ARMAND.—Mais c'est moi, commandant… (*Ils se saluent. Le commandant sort par le fond.*)

# ACTE II, SCÈNE IX

ARMAND, *puis* MADAME PERRICHON, *puis* HENRIETTE

ARMAND.—A la bonne heure! il n'est pas banal celui-là! (*Apercevant Madame Perrichon qui entre de la gauche.*) Ah! madame Perrichon!

MADAME PERRICHON.—Comment! vous êtes seul, monsieur? Je croyais que vous deviez accompagner ces messieurs.

ARMAND.—Je suis déjà venu ici l'année dernière, et j'ai demandé à monsieur Perrichon la permission de me mettre à vos ordres.

MADAME PERRICHON.—Ah! monsieur. (*A part.*) C'est tout à fait un homme du monde!... (*Haut.*) Vous aimez beaucoup la Suisse?

ARMAND.—Oh! il faut bien aller quelque part.

MADAME PERRICHON.—Oh! moi, je ne voudrais pas habiter ce pays-là... il y a trop de précipices et de montagnes... Ma famille est de la Beauce[1].

ARMAND.—Ah! je comprends.

MADAME PERRICHON.—Près d'Étampes...

ARMAND, *à part.*—Nous devons avoir un correspondant à Étampes; ce serait un lien. (*Haut.*) Vous ne connaissez pas monsieur Pingley, à Étampes?

MADAME PERRICHON.—Pingley!... c'est mon cousin! Vous le connaissez?

ARMAND.—Beaucoup. (*A part.*) Je ne l'ai jamais vu!

MADAME PERRICHON.—Quel homme charmant!

ARMAND.—Ah! oui!

MADAME PERRICHON.—C'est un bien grand malheur qu'il ait son infirmité!

ARMAND.—Certainement... c'est un bien grand malheur!

MADAME PERRICHON.—Sourd à quarante-sept ans!

ARMAND, *à part.*—Tiens! il est sourd, notre correspondant! C'est donc pour ça qu'il ne répond jamais à nos lettres[2].

MADAME PERRICHON.—Est-ce singulier! c'est un ami de Pingley qui sauve mon mari!... Il y a de bien grands hasards dans le monde.

ARMAND.—Souvent aussi on attribue au hasard des péripéties dont il est parfaitement innocent.

MADAME PERRICHON.—Ah! oui... souvent aussi on attribue[3]... (*A part.*) Qu'est-ce qu'il veut dire?

ARMAND.—Ainsi, madame, notre rencontre en chemin de fer, puis à Lyon, puis à Genève, à Chamouny, ici même, vous mettez tout cela sur le compte du hasard?

MADAME PERRICHON.—En voyage, on se retrouve...

ARMAND.—Certainement... surtout quand on se cherche.

MADAME PERRICHON.—Comment?...

ARMAND.—Oui, madame, il ne m'est pas permis de jouer plus longtemps la comédie du hasard[4]; je vous dois là vérité, pour vous, pour mademoiselle votre fille.

MADAME PERRICHON.—Ma fille!

ARMAND.—Me pardonnerez-vous? Le jour où je la vis, j'ai été touché, charmé... J'ai appris que vous partiez pour la Suisse... et je suis parti.

MADAME PERRICHON.—Mais alors, vous nous suivez?...

ARMAND.—Pas à pas... Que voulez-vous? j'aime!

MADAME PERRICHON.—Monsieur!

ARMAND.—Oh! rassurez-vous! j'aime avec tout le respect, toute la discrétion qu'on doit à une jeune fille dont on serait heureux de faire sa femme.

MADAME PERRICHON, *perdant la tête, à part.*—Une demande en mariage! Et Perrichon qui n'est pas là! (*Haut.*) Certainement, monsieur... je suis charmée... non, flattée!... parce que vos manières... votre éducation... Pingley... le service que vous nous avez rendu... mais monsieur Perrichon est sorti... pour la mer de Glace... et aussitôt qu'il rentrera...

HENRIETTE, *entrant vivement.*—Maman!... (*S'arrêtant.*) Ah! tu causais avec monsieur Armand?

MADAME PERRICHON, *troublée.*—Nous causions, c'est-à-dire, oui! nous parlions de Pingley! Monsieur connaît Pingley; n'est-ce pas?

ARMAND.—Certainement je connais Pingley!

HENRIETTE.—Oh! quel bonheur[5]!

MADAME PERRICHON, *à Henriette.*—Ah! comme tu es coiffée[6]... et ta robe! ton col! (*Bas.*) Tiens-toi donc droite!

HENRIETTE, *étonnée.*—Qu'est-ce qu'il y a? (*Cris et tumulte au dehors.*)

MADAME PERRICHON et HENRIETTE.—Ah! mon Dieu!

ARMAND.—Ces cris!...

# ACTE II, SCÈNE X

## LES MÊMES, PERRICHON, DANIEL, LE GUIDE, L'AUBERGISTE

*Daniel entre soutenu par l'aubergiste et par le guide*

PERRICHON, *très ému.*—Vite! de l'eau! du sel! du vinaigre! (*Il fait asseoir Daniel.*)

TOUS.—Qu'y a-t-il?

PERRICHON.—Un événement affreux! (*S'interrompant.*) Faites-le boire, frottez-lui les tempes!

DANIEL.—Merci… Je me sens mieux.

ARMAND.—Qu'est-il arrivé?

DANIEL.—Sans le courage de monsieur Perrichon…

PERRICHON, *vivement.*—Non, pas vous! ne parlez pas!… (*Racontant.*) C'est horrible!… Nous étions sur la mer de Glace… Le mont Blanc nous regardait tranquille et majestueux…

DANIEL, *à part.*—Le récit de Théramène[1]!

MADAME PERRICHON.—Mais dépêche-toi donc!

HENRIETTE.—Mon père!

PERRICHON.—Un instant, que diable! Depuis cinq minutes nous suivions, tout pensifs, un sentier abrupt qui serpentait entre deux crevasses… de glace[2]! Je marchais le premier.

MADAME PERRICHON.—Quelle imprudence!

PERRICHON.—Tout à coup, j'entends derrière moi comme un éboulement; je me retourne: monsieur[3] venait de disparaître dans un de ces abîmes sans fond, dont la vue seule fait frissonner!…

MADAME PERRICHON, *impatientée.*—Mon ami[4]!

PERRICHON.—Alors, n'écoutant que mon courage, moi, père de famille, je m'élance…

MADAME PERRICHON et HENRIETTE.—Ciel!

PERRICHON.—… sur le bord du précipice; je lui tends mon bâton ferré… il s'y cramponne… je tire… il tire… nous tirons, et, après une lutte insensée,

je l'arrache au néant et je le ramène à la face du soleil, notre père à tous[5]!...
(*Il s'essuie le front avec son mouchoir.*)

HENRIETTE.—Oh! papa!

MADAME PERRICHON.—Mon ami!

PERRICHON, *embrassant sa femme et sa fille.*—Oui, mes enfants, c'est une belle page...

ARMAND, *à Daniel.*—Comment vous trouvez-vous?

DANIEL, *bas.*—Très bien! ne vous inquiétez pas! (*Il se lève.*) Monsieur Perrichon, vous venez de rendre un fils à sa mère...

PERRICHON, *majestueusement.*—C'est vrai!

DANIEL.—Un frère à sa soeur!

PERRICHON.—Et un homme à la société!

DANIEL.—Les paroles sont impuissantes pour reconnaître un tel service.

PERRICHON.—C'est vrai!

DANIEL.—Il n'y a que le coeur... entendez-vous, le coeur!...

PERRICHON.—Monsieur Daniel! Non! laissez-moi vous appeler Daniel!

DANIEL.—Comment donc! (*A part.*) Chacun son tour!

PERRICHON, *ému.*—Daniel, mon ami, mon enfant... votre main! (*Il lui prend la main.*) Je vous dois les plus douces émotions de ma vie... Sans moi, vous ne seriez qu'une masse informe et repoussante, ensevelie sous les frimas... Vous me devez tout, tout! (*Avec noblesse.*) Je ne l'oublierai jamais!

DANIEL.—Ni moi!

PERRICHON, *à Armand, en s'essuyant les yeux.*—Ah! jeune homme!... vous ne savez pas le plaisir qu'on éprouve à sauver son semblable!

HENRIETTE.—Mais, papa, monsieur le sait bien; puisque tantôt...

PERRICHON, *se rappelant.*—Ah! oui! c'est juste[6]! Monsieur l'aubergiste, apportez-moi le livre des voyageurs.

MADAME PERRICHON.—Pourquoi faire?

PERRICHON.—Avant de quitter ces lieux, je désire consacrer par une note le souvenir de cet événement!

L'AUBERGISTE, *apportant le registre.*—Voilà, monsieur.

PERRICHON.—Merci... Tiens, qui est-ce qui a écrit ça?

TOUS.—Quoi donc[7]?

PERRICHON, *lisant*.—«Je ferai observer à monsieur Perrichon que la mer de Glace n'ayant pas d'enfants, l'E qu'il lui attribue devient un dévergondage grammatical[8].» Signé: le Commandant.

TOUS.—Hein?

HENRIETTE, *bas à son père*.—Oui, papa! mer ne prend pas d'E à la fin.

PERRICHON.—Je le savais! Je vais lui répondre à ce monsieur. (*Il prend une plume et écrit.*) «Le Commandant est... un paltoquet!» Signé: Perrichon.

LE GUIDE, *rentrant*.—La voiture est là.

PERRICHON.—Allons! Dépêchons-nous! (*Aux jeunes gens.*) Messieurs, si vous voulez accepter une place... (*Armand et Daniel s'inclinent.*)

MADAME PERRICHON, *appelant son mari*.—Perrichon, aide-moi à mettre mon manteau. (*Bas.*) On vient de me demander notre fille en mariage...

PERRICHON.—Tiens! à moi aussi!

MADAME PERRICHON.—C'est monsieur Armand.

PERRICHON.—Moi, c'est Daniel... mon ami Daniel.

MADAME PERRICHON.—Mais il me semble que l'autre...

PERRICHON.—Nous parlerons de cela plus tard.

HENRIETTE, *à la fenêtre*.—Ah! il pleut à verse!

PERRICHON.—Ah diable! (*A l'aubergiste.*) Combien tient-on dans votre voiture[9]?

L'AUBERGISTE.—Quatre dans l'intérieur et un à côté du cocher.

PERRICHON.—C'est juste le compte.

ARMAND.—Ne vous gênez pas pour moi.

PERRICHON.—Daniel montera avec nous.

HENRIETTE, *bas à son père*.—Et monsieur Armand?

PERRICHON, *bas*.—Dame! il n'y a que quatre places... il montera sur le siège.

HENRIETTE.—Par une pluie pareille?

MADAME PERRICHON.—Un homme qui t'a sauvé!

PERRICHON.—Je lui prêterai mon caoutchouc!

HENRIETTE.—Ah[10]!

PERRICHON.—Allons! en route! en route!

DANIEL, *à part*.—Je savais bien que je reprendrais la corde[11]!

## FIN DU DEUXIÈME ACTE

# ACTE TROISIÈME

Un salon chez Perrichon, à Paris.—Cheminée au fond; porte d'entrée dans l'angle à gauche; appartement[1] dans l'angle à droite; salle à manger à gauche; au milieu, guéridon avec tapis; canapé à droite du guéridon.

## SCÈNE PREMIÈRE

JEAN, *seul, achevant d'essuyer un fauteuil*

Midi moins un quart... C'est aujourd'hui que monsieur Perrichon revient de voyage avec madame et mademoiselle... J'ai reçu hier une lettre de monsieur... la voilà. (*Lisant.*) «Grenoble[2], 5 juillet. Nous arriverons mercredi, 7 juillet, à midi. Jean nettoiera l'appartement et fera poser les rideaux.» (*Parlé.*) C'est fait. (*Lisant.*) «Il dira à Marguerite, la cuisinière, de nous préparer le dîner. Elle mettra le pot au feu[3]... un morceau pas trop gras... de plus, comme il y a longtemps que nous n'avons mangé de poisson de mer, elle nous achètera une petite barbue[4] bien fraîche... Si la barbue était trop chère, elle la remplacerait par un morceau de veau à la casserole.» (*Parlé.*) Monsieur peut arriver... tout est prêt... Voilà ses journaux, ses lettres, ses cartes de visite... Ah! par exemple[5], il est venu ce matin de bonne heure un monsieur que je ne connais pas... il m'a dit qu'il s'appelait le Commandant... Il doit repasser. (*Coup de sonnette à la porte extérieure.*) On sonne!... c'est monsieur... je reconnais sa main!...

# ACTE III, SCÈNE II

## JEAN, PERRICHON, MADAME PERRICHON, HENRIETTE

*Ils portent des sacs de nuit et des cartons*

PERRICHON.—Jean... c'est nous!

JEAN.—Ah! monsieur!... madame!... mademoiselle!... (*Il les débarrasse de leurs paquets.*)

PERRICHON.—Ah! qu'il est doux de rentrer chez soi, de voir ses meubles, de s'y asseoir! (*Il s'assied sur le canapé.*)

MADAME PERRICHON, *assise à gauche.*—Nous devrions être de retour depuis huit jours...

PERRICHON.—Nous ne pouvions passer à Grenoble sans aller voir les Darinel[1]... ils nous ont retenus... (*A Jean.*) Est-il venu quelque chose pour moi en mon absence?

JEAN.—Oui, monsieur... tout est là sur la table.

PERRICHON, *prenant plusieurs cartes de visite.*—Que de visites! (*Lisant.*) Armand Desroches...

HENRIETTE, *avec joie.*—Ah[2]!

PERRICHON.—Daniel Savary... brave jeune homme! Armand Desroches...
Daniel Savary... charmant jeune homme!... Armand Desroches.

JEAN.—Ces messieurs sont venus tous les jours s'informer de votre retour.

MADAME PERRICHON.—Tu leur dois une visite.

PERRICHON.—Certainement j'irai le voir... ce brave Daniel!

HENRIETTE.—Et monsieur Armand?

PERRICHON.—J'irai le voir aussi... après. (*Il se lève.*)

HENRIETTE, *à Jean.*—Aidez-moi à porter ces cartons dans la chambre.

JEAN.—Oui, mademoiselle. (*Regardant Perrichon.*) Je trouve monsieur engraissé. On voit qu'il a fait un bon voyage.

PERRICHON.—Splendide, mon ami, splendide! Ah! tu ne sais pas? J'ai sauvé un homme!

JEAN, *incrédule.*—Monsieur?... Allons donc[3]!... (*Il sort avec Henriette par la droite.*)

# ACTE III, SCÈNE III

## PERRICHON, MADAME PERRICHON

PERRICHON.—Comment, allons donc!... Est-il bête, cet animal-là!

MADAME PERRICHON.—Maintenant que nous voilà de retour, j'espère que tu vas prendre un parti... Nous ne pouvons tarder plus longtemps à rendre réponse à ces deux jeunes gens... Deux prétendus dans la maison... c'est trop!...

PERRICHON.—Moi, je n'ai pas changé d'avis... j'aime mieux Daniel!

MADAME PERRICHON.—Pourquoi?

PERRICHON.—Je ne sais pas... je le trouve plus... enfin, il me plaît, ce jeune homme!

MADAME PERRICHON.—Mais l'autre... l'autre t'a sauvé!

PERRICHON.—Il m'a sauvé! Toujours le même refrain!

MADAME PERRICHON.—Qu'as-tu à lui reprocher? Sa famille est honorable, sa position excellente...

PERRICHON.—Mon Dieu! je ne lui reproche rien... je ne lui en veux pas à ce garçon!

MADAME PERRICHON.—Il ne manquerait plus que ça[1]!

PERRICHON.—Mais je lui trouve un petit air pincé[2].

MADAME PERRICHON.—Lui!

PERRICHON.—Oui, il a un ton protecteur... des manières... il semble toujours se prévaloir du petit service qu'il m'a rendu...

MADAME PERRICHON.—Il ne t'en parle jamais!

PERRICHON.—Je le sais bien! mais c'est son air qui me dit: «Hein? sans moi?...» C'est agaçant à la longue! tandis que l'autre!...

MADAME PERRICHON.—L'autre te répète sans cesse: «Hein? sans vous... hein? sans vous!» Cela flatte ta vanité... et voilà pourquoi tu le préfères.

PERRICHON.—Moi! de la vanité! J'aurais peut-être le droit d'en avoir!

MADAME PERRICHON.—Oh!

PERRICHON.—Oui, madame!… l'homme qui a risqué sa vie pour sauver son semblable peut être fier de lui-même… mais j'aime mieux me renfermer dans un silence modeste… signe caractéristique du vrai courage!

MADAME PERRICHON.—Mais tout cela n'empêche pas que M. Armand…

PERRICHON.—Henriette n'aime pas… ne peut pas aimer M. Armand!

MADAME PERRICHON.—Qu'en sais-tu?

PERRICHON.—Dame! je suppose…

MADAME PERRICHON.—Il y a un moyen de le savoir, c'est de l'interroger… et nous choisirons celui qu'elle préférera…

PERRICHON.—Soit!… mais ne l'influence pas!

MADAME PERRICHON.—La voici.

# ACTE III, SCÈNE IV

## PERRICHON, MADAME PERRICHON, HENRIETTE

MADAME PERRICHON, *à sa fille qui entre.*—Henriette... ma chère enfant... ton père et moi, nous avons à te parler sérieusement.

HENRIETTE.—A moi?

PERRICHON.—Oui.

MADAME PERRICHON.—Te voila bientôt en âge d'être mariée... Deux jeunes gens se présentent pour obtenir ta main... tous deux nous conviennent... mais nous ne voulons pas contrarier ta volonté, et nous avons résolu de te laisser l'entière liberté du choix.

HENRIETTE.—Comment!

PERRICHON.—Pleine et entière...

MADAME PERRICHON.—L'un de ces jeunes gens est M. Armand Desroches.

HENRIETTE.—Ah!

PERRICHON, *vivement.*—N'influence pas!...

MADAME PERRICHON.—L'autre est M. Daniel Savary...

PERRICHON.—Un jeune homme charmant, distingué, spirituel, et qui, je ne le cache pas, a toutes mes sympathies...

MADAME PERRICHON.—Mais tu influences...

PERRICHON.—Du tout[1]! je constate un fait!... (*A sa fille.*) Maintenant te voilà éclairée[2]... choisis....

HENRIETTE.—Mon Dieu!... vous m'embarrassez beaucoup... et je suis prête à accepter celui que vous me désignerez...

PERRICHON.—Non! non! décide toi-même!

MADAME PERRICHON.—Parle, mon enfant!

HENRIETTE.—Eh bien! puisqu'il faut absolument faire un choix, je choisis... M. Armand.

MADAME PERRICHON.—Là!

PERRICHON.—Armand! Pourquoi pas Daniel?

HENRIETTE.—Mais M. Armand t'a sauvé, papa.

PERRICHON.—Allons bien! encore? C'est fatigant, ma parole d'honneur!

MADAME PERRICHON.—Eh bien! tu vois… il n'y a pas à hésiter…

PERRICHON.—Ah! mais permets, chère amie[3], un père ne peut pas abdiquer… Je réfléchirai, je prendrai mes renseignements[4].

MADAME PERRICHON, *bas*.—Monsieur Perrichon, c'est de la mauvaise foi!

PERRICHON.—Caroline!…

# ACTE III, SCÈNE V

## LES MÊMES, JEAN, MAJORIN

JEAN, *à la cantonade.*—Entrez! ils viennent d'arriver! (*Majorin entre.*)

PERRICHON.—Tiens! c'est Majorin!…

MAJORIN, *saluant.*—Madame… mademoiselle… j'ai appris que vous reveniez aujourd'hui… alors j'ai demandé un jour de congé… j'ai dît que j'étais de garde[1]…

PERRICHON.—Ce cher ami! c'est très aimable… Tu dînes avec nous? nous avons une petite barbue…

MAJORIN.—Mais… si ce n'est pas indiscret[2]…

JEAN, *bas à Perrichon.*—Monsieur… c'est du veau à la casserole! (*Il sort.*)

PERRICHON.—Ah[3]! (*A Majorin.*) Allons, n'en parlons plus, ce sera pour une autre fois…

MAJORIN, *à part.*—Comment! Il me désinvite! S'il croit que j'y tiens, à son dîner! (*Prenant Perrichon à part. Les dames s'asseyent sur le canapé.*) J'étais venu pour te parler des six cents francs que tu m'as prêtés le jour de ton départ…

PERRICHON.—Tu me les rapportes?

MAJORIN.—Non… Je ne touche que demain mon dividende des paquebots… mais à midi précis…

PERRICHON.—Oh! ça ne presse pas!

MAJORIN.—Pardon… j'ai hâte de m'acquitter…

PERRICHON.—Ah! tu ne sais pas?… je t'ai rapporté un souvenir.

MAJORIN, *s'asseyant derrière le guéridon.*—Un souvenir! à moi?

PERRICHON, *s'asseyant.*—En passant à Genève, j'ai acheté trois montres… une pour Jean, une pour Marguerite, la cuisinière… et une pour toi, à répétition[4].

MAJORIN, *à part.*—Il me met après ses domestiques! (*Haut.*) Enfin?

PERRICHON.—Avant d'arriver à la douane française, je les avais fourrées dans ma cravate[5]…

MAJORIN.—Pourquoi?

PERRICHON.—Tiens! je n'avais pas envie de payer les droits. On me demande: Avez-vous quelque chose à déclarer? Je réponds non; je fais un mouvement[6] et voilà ta diablesse de montre qui sonne: dig, dig, dig.

MAJORIN.—Eh bien?

PERRICHON.—Eh bien! j'ai été pincé… on a tout saisi…

MAJORIN.—Comment!

PERRICHON.—J'ai eu une scène atroce! J'ai appelé le douanier *méchant gabelou*[7]! Il m'a dit que j'entendrais parler de lui… Je regrette beaucoup cet incident… elle était charmante, ta montre.

MAJORIN, *sèchement.*—Je ne t'en remercie pas moins… (*A part.*) Comme s'il ne pouvait pas acquitter les droits… c'est sordide!

# ACTE III, SCÈNE VI

## LES MÊMES, JEAN, ARMAND

JEAN, *annonçant.*—Monsieur Armand Desroches!

HENRIETTE, *quittant son ouvrage.*—Ah!

MADAME PERRICHON, *se levant et allant au-devant d'Armand.*—Soyez le bienvenu... nous attendions votre visite...

ARMAND, *saluant.*—Madame... monsieur Perrichon...

PERRICHON.—Enchanté! enchanté! (*A part.*) Il a toujours son petit air protecteur!

MADAME PERRICHON, *bas à son mari.*—Présente-le donc à Majorin.

PERRICHON.—Certainement... (*Haut.*) Majorin, je te présente monsieur Armand Desroches... une connaissance de voyage...

HENRIETTE, *vivement.*—Il a sauvé papa!

PERRICHON, *à part.*—Allons bien[1]!... encore!

MAJORIN.—Comment, tu as couru quelque danger?

PERRICHON.—Non... une misère...

ARMAND.—Cela ne vaut pas la peine d'en parler...

PERRICHON, *à part.*—Toujours[2] son petit air!

# ACTE III, SCÈNE VII

## LES MÊMES, JEAN, DANIEL

JEAN, *annonçant*.—Monsieur Daniel Savary!...

PERRICHON, *s'épanouissant*.—Ah! le voilà, ce cher ami!... ce bon Daniel!... (*Il renverse presque le guéridon en courant au-devant de lui.*)

DANIEL, *saluant*.—Mesdames... Bonjour, Armand!

PERRICHON, *le prenant par la main*.—Venez, que je vous présente à Majorin... (*Haut.*) Majorin, je te présente un de mes bons... un de mes meilleurs amis... monsieur Daniel Savary...

MAJORIN.—Savary? des paquebots?

DANIEL, *saluant*.—Moi-même.

PERRICHON.—Ah! sans moi, il ne te payerait pas demain ton dividende.

MAJORIN.—Pourquoi?

PERRICHON.—Pourquoi? (*Avec fatuité.*) Tout sîmplement parce que je l'ai sauvé, mon bon!

MAJORIN.—Toi? (*A part.*) Ah çà! ils ont donc passé tout leur temps à se sauver la vie!

PERRICHON, *racontant*.—Nous étions sur la mer de Glace, le mont Blanc nous regardait tranquille et majestueux.

DANIEL, *à part*.—Second[l] récit de Théramène!

PERRICHON.—Nous suivions tout pensifs un sentier abrupt.

HENRIETTE, *qui a ouvert un journal*.—Tiens, papa qui est dans le journal!

PERRICHON.—Comment! je suis dans le journal?

HENRIETTE.—Lis toi-même... là... (*Elle lui donne le journal.*)

PERRICHON.—Vous allez voir que je suis tombé du jury[2]! (*Lisant.*) «On nous écrit de Chamouny...»

TOUS.—Tiens! (*Ils se rapprochent.*)

PERRICHON, *lisant*.—«Un événement qui aurait pu avoir des suites déplorables vient d'arriver à la mer de Glace... M. Daniel S—— a fait un faux pas et a disparu dans une de ces crevasses si redoutées des voyageurs. Un des témoins de cette scène, M. Perrichon, (qu'il nous permette de le nommer!)...» (*Parlé.*) Comment donc! si je le permets[3]! (*Lisant.*) «M.

Perrichon, notable commerçant de Paris et père de famille, n'écoutant que son courage, et au mépris de sa propre vie, s'est élancé dans le gouffre…» (*Parlé.*) C'est vrai! (*Lisant.*) « et après des efforts inouïs, a été assez heureux pour en retirer son compagnon. Un si admirable dévouement n'a été surpassé que par la modestie de M. Perrichon, qui s'est dérobé aux félicitations de la foule émue et attendrie… Les gens de coeur[4] de tous les pays nous sauront gré de leur signaler un pareil trait!»

TOUS.—Ah!

DANIEL, *à part.*—Trois francs la ligne[5]!

PERRICHON, *relisant lentement la dernière phrase.*—«Les gens de coeur de tous les pays nous sauront gré de leur signaler un pareil trait.» (*A Daniel, très ému.*) Mon ami… mon enfant! embrassez-moi! (*Ils s'embrassent.*)

DANIEL, *à part.*—Décidément, j'ai la corde[6]…

PERRICHON, *montrant le journal.*—Certes, je ne suis pas un révolutionnaire[7], mais, je le proclame hautement, la presse a du bon! (*Mettant le journal dans sa poche et à part.*) J'en ferai acheter dix numéros!

MADAME PERRICHON.—Dis donc, mon ami, si nous envoyions au journal le récit de la belle action de M. Armand?

HENRIETTE.—Oh oui! cela ferait un joli pendant!

PERRICHON, *vivement.*—C'est inutile! je ne peux pas toujours occuper les journaux de ma personnalité…

JEAN, *entrant, un papier la main.*—Monsieur?

PERRICHON.—Quoi?

JEAN.—Le concierge vient de me remettre un papier timbré[8] pour vous.

MADAME PERRICHON.—Un papier timbré?

PERRICHON.—N'aie donc pas peur! je ne dois rien à personne… au contraire, on me doit…

MAJORIN, *à part.*—C'est pour moi qu'il dit ça!

PERRICHON, *regardant le papier.*—Une assignation à comparaître devant la sixième chambre pour injures envers un agent de la force publique[9] dans l'exercice de ses fonctions.

TOUS.—Ah! mon Dieu!

PERRICHON, *lisant.*—Vu le procès-verbal dressé au[10] bureau de la douane française par le sieur Machut, sergent douanier… (*Majorin remonte.*)

ARMAND.—Qu'est-ce que cela signifie?

PERRICHON.—Un douanier qui m'a saisi trois montres… j'ai été trop vif[11]… je l'ai appelé gabelou! rebut de l'humanité!…

MAJORIN, *derrière le guèridon.*—C'est très grave! Très grave!

PERRICHON, *inquiet.*—Quoi?

MAJORIN.—Injures qualifiées[12] envers un agent de la force publique dans l'exercice de ses fonctions…

MADAME PERRICHON et PERRICHON.—Eh bien?

MAJORIN.—De quinze jours à trois mois de prison.

TOUS.—En prison!…

PERRICHON.—Moi! après cinquante ans d'une vie pure et sans tache… j'irais m'asseoir sur le banc de l'infamie[13]! jamais! jamais!

MAJORIN, *à part.*—C'est bien fait[14]! ça lui apprendra à ne pas acquitter les droits!

PERRICHON.—Ah! mes amis! mon avenir est brisé.

MADAME PERRICHON.—Voyons, calme-toi!

HENRIETTE.—Papa!

DANIEL.—Du courage!

ARMAND.—Attendez! je puis peut-être vous tirer de là.

TOUS.—Hein?

PERRICHON.—Vous! mon ami… mon bon ami!

ARMAND, *allant à lui.*—Je suis lié assez intimement avec un employé supérieur de l'administration des douanes… je vais le voir… peut-être pourra-t-on décider le douanier à retirer sa plainte.

MAJORIN.—Ça me paraît difficile!

ARMAND.—Pourquoi? un moment de vivacité…

PERRICHON.—Que je regrette!

ARMAND.—Donnez-moi ce papier… j'ai bon espoir… ne vous tourmentez pas, mon brave M. Perrichon!

PERRICHON, *ému, lui prenant la main.*—Ah! Daniel[15]! (*Se reprenant.*) non, Armand!… Tenez, il faut que je vous embrasse! (*Ils s'embrassent.*)

HENRIETTE, à part.—A la bonne heure! (*Elle remonte avec sa mère.*)

ARMAND, *bas à Daniel.*—A mon tour, j'ai la corde!

DANIEL.—Parbleu! (*A part.*) Je crois avoir affaire à un rival et je tombe sur un terre-neuve[16].

MAJORIN, *à Armand.*—Je sors avec vous.

PERRICHON.—Tu nous quittes?

MAJORIN.—Oui... (*Fièrement.*) Je dîne en ville[17]! (*Il sort avec Armand.*)

MADAME PERRICHON, *s'approchant de son mari et bas.*—Eh bien, que penses-tu maintenant de M. Armand?

PERRICHON.—Lui! c'est-à-dire que[18] c'est un ange! un ange!

MADAME PERRICHON.—Et tu hésites à lui donner ta fille?

PERRICHON.—Non! je n'hésite plus.

MADAME PERRICHON.—Enfin! je te retrouve[19]! Il ne te reste plus qu'à prévenir M. Daniel.

PERRICHON.—Oh! ce pauvre garçon! tu crois?

MADAME PERRICHON.—Dame! à moins que tu ne veuilles attendre l'envoi des billets de faire-part[20]?

PERRICHON.—Oh! non!

MADAME PERRICHON.—Je te laisse avec lui... courage! (*Haut.*) Viens-tu, Henriette? (*Saluant Daniel.*) Monsieur. (*Elle sort à droite suivie d'Henriette.*)

# ACTE III, SCÈNE VIII

## PERRICHON, DANIEL

DANIEL, *à part en descendant.*—Il est évident que mes actions baissent[1]... Si je pouvais... (*Il va au canapé.*)

PERRICHON, *à part, au fond.*—Ce brave jeune homme... ça me fait de la peine[2]... Allons! Il le faut! (*Haut.*) Mon cher Daniel... mon bon Daniel... j'ai une communication pénible à vous faire.

DANIEL, *à part.*—Nous y voilà[3]! (*Ils s'asseyent sur le canapé.*)

PERRICHON.—Vous m'avez fait l'honneur de me demander la main de ma fille... Je caressais ce projet, mais les circonstances... les événements... votre ami, M. Armand, m'a rendu de tels services!...

DANIEL.—Je comprends.

PERRICHON.—Car on a beau dire[4], il m'a sauvé la vie, cet homme!

DANIEL.—Eh bien, et le petit sapin auquel vous vous êtes cramponné?

PERRICHON.—Certainement... le petit sapin... mais il était bien petit... il pouvait casser... et puis je ne le tenais pas encore.

DANIEL.—Ah!

PERRICHON.—Non... mais ce n'est pas tout... dans ce moment, cet excellent jeune homme brûle le pavé[5] pour me tirer des cachots... Je lui devrai l'honneur... l'honneur!

DANIEL.—M. Perrichon! le sentiment qui vous fait agir est trop noble pour que je cherche à le combattre...

PERRICHON.—Vrai? Vous ne m'en voulez pas?

DANIEL.—Je ne me souviens que de votre courage... de votre dévouement pour moi...

PERRICHON, *lui prenant la main.*—Ah! Daniel! (*A part.*) C'est étonnant comme j'aime ce garçon-là!

DANIEL, *se levant.*—Aussi[6], avant de partir...

PERRICHON.—Hein?

DANIEL.—Avant de vous quitter...

PERRICHON, *se levant.*—Comment! me quitter! vous? Et pourquoi?

DANIEL.—Je ne puis continuer des visites qui seraient compromettantes pour mademoiselle votre fille… et douloureuses pour moi.

PERRICHON.—Allons bien! Le seul homme que j'aie sauvé!

DANIEL.—Oh! mais votre image ne me quittera pas… j'ai formé un projet… c'est de fixer sur la toile, comme elle l'est déjà dans mon coeur, l'héroïque scène de la mer de Glace.

PERRICHON.—Un tableau! Il veut me mettre dans un tableau!

DANIEL.—Je me suis déjà adressé à un de nos peintres les plus illustres… un de ceux qui travaillent pour la postérité!…

PERRICHON.—La postérité! Ah! Daniel! (*A part.*) C'est extraordinaire comme j'aime ce garçon-là!

DANIEL.—Je tiens surtout à la ressemblance…

PERRICHON.—Je crois bien! moi aussi!

DANIEL.—Mais il sera nécessaire que vous nous donniez cinq ou six séances…

PERRICHON.—Comment donc, mon ami! quinze! vingt! trente! ça ne m'ennuiera pas… nous poserons ensemble!

DANIEL, *vivement.*—Ah! non… pas moi!

BERRICHON.—Pourquoi?

DANIEL.—Parce que… voici comment nous avons conçu le tableau: …on ne verra sur la toile que le mont Blanc…

PERRICHON, *inquiet.*—Eh bien, et moi?

DANIEL.—Le Mont-Blanc et vous!

PERRICHON.—C'est ça… moi et le Mont-Blanc… tranquille et majestueux!… Ah çà! et vous, où serez-vous?

DANIEL.—Dans le trou… tout au fond… on n'apercevra que mes deux mains crispées et suppliantes…

PERRICHON.—Quel magnifique tableau!

DANIEL.—Nous le mettrons au Musée…

PERRICHON.—De Versailles[7]?

DANIEL.—Non, de Paris…

PERRICHON.—Ah oui!… à l'exposition!…

DANIEL.—Et nous inscrirons sur le livret cette notice…

PERRICHON.—Non! pas de banque! pas de réclame! Nous mettrons tout simplement l'article de mon journal… «On nous écrit de Chamouny…»

DANIEL.—C'est un peu sec.

PERRICHON.—Oui!… mais nous l'arrangerons! (*Avec effusion.*) Ah! Daniel, mon ami!… mon enfant!

DANIEL.—Adieu[8], monsieur Perrichon!… nous ne devons plus nous revoir…

PERRICHON.—Non! c'est impossible! c'est impossible! ce mariage… rien n'est encore décidé…

DANIEL.—Mais…

PERRICHON.—Restez! je le veux!

DANIEL, *à part.*—Allons donc[9]!

# ACTE III, SCÈNE IX

## LES MÊMES, JEAN, LE COMMANDANT

JEAN, *annonçant*.—Monsieur le commandant Mathieu.

PERRICHON, *étonné*.—Qu'est-ce que c'est que ça[1]?

LE COMMANDANT, *entrant*.—Pardon, messieurs, je vous dérange peut-être?

PERRICHON.—Du tout.

LE COMMANDANT, *à Daniel*.—Est-ce à monsieur Perrichon que j'ai l'honneur de parler?

PERRICHON.—C'est moi, monsieur.

LE COMMANDANT.—Ah!… (*A Perrichon*.) Monsieur, voilà douze jours que je vous cherche. Il y a beaucoup de Perrichon à Paris… j'en ai déjà visité une douzaine… mais je suis tenace…

PERRICHON, *lui indiquant un siège à gauche du guéridon*.—Vous avez quelque chose à me communiquer? (*Il s'assied sur le canapé. Daniel remonte.*)

LE COMMANDANT, *s'asseyant*.—Je n'en sais rien encore… Permettez-moi d'abord de vous adresser une question: Est-ce vous qui avez fait, il y a un mois, un voyage à la mer de Glace?

PERRICHON.—Oui, monsieur, c'est moi-même! je crois avoir le droit de m'en vanter!

LE COMMANDANT.—Alors, c'est vous qui avez écrit sur le registre des voyageurs: «Le commandant est un paltoquet.»

PERRICHON.—Comment! vous êtes?…

LE COMMANDANT.—Oui, monsieur… c'est moi!

PERRICHON.—Enchanté! (*Ils se font plusieurs petits saluts.*)

DANIEL, *à part en descendant*.—Diable! l'horizon s'obscurcît!…

LE COMMANDANT.—Monsieur, je ne suis ni querelleur, ni ferrailleur, mais je n'aime pas à laisser traîner sur les livres d'auberge de pareilles appréciations à côté de mon nom…

PERRICHON.—Mais vous avez écrit le premier une note… plus que vive[2]!

LE COMMANDANT.—Moi? je me suis borné à constater que mer de Glace ne prenait pas d'*e* à la fin: voyez le dictionnaire…

PERRICHON,—Eh! monsieur! vous n'êtes pas chargé de corriger mes… prétendues fautes d'orthographe! De quoi vous mêlez-vous? (*Ils se lèvent.*)

LE COMMANDANT.—Pardon… pour moi, la langue française est une compatriote aimée… une dame de bonne maison, élégante, mais an peu cruelle[3]… vous le savez mieux que personne.

PERRICHON.—Moi?…

LE COMMANDANT.—Et quand j'ai l'honneur de la rencontrer à l'étranger… je ne permets pas qu'on éclabousse sa robe. C'est une question de chevalerie et de nationalité.

PERRICHON.—Ah çà! monsieur, auriez-vous la prétention de me donner une leçon?

LE COMMANDANT.—Loin de moi cette pensée[4]!…

PERRICHON.—Ah! ce n'est pas malheureux[5]! (*A part.*) Il recule.

LE COMMANDANT.—Mais sans vouloir vous donner une leçon, je viens vous demander poliment… une explication.

PERRICHON, *à part.*—Mathieu[6]!… c'est un faux commandant.

LE COMMANDANT.—De deux choses l'une: ou vous persistez…

PERRICHON.—Je n'ai pas besoin de tous ces raisonnements! Vous croyez peut-être m'intimider, monsieur… j'ai fait mes preuves de courage, entendez-vous! et je vous les ferai voir…

LE COMMANDANT.—Où ça?

PERRICHON.—A l'exposition… l'année prochaine…

LE COMMANDANT.—Oh! permettez!… Il me sera impossible d'attendre jusque-là… Pour abréger, je vais au fait: retirez-vous, oui ou non?

PERRICHON.—Rien du tout!

LE COMMANDANT.—Prenez garde!

DANIEL.—Monsieur Perrichon!

PERRICHON.—Rien du tout! (*A part.*) Il n'a pas seulement de moustaches[7]!

LE COMMANDANT.—Alors, monsieur Perrichon, j'aurai l'honneur de vous attendre demain, à midi, avec mes témoins, dans les bois de la Malmaison[8]…

DANIEL.—Commandant! un mot!

LE COMMANDANT, *remontant.*—Nous vous attendrons chez le garde!

DANIEL.—Mais, commandant...

LE COMMANDANT.—Mille pardons... j'ai rendez-vous avec un tapissier... pour choisir des étoffes, des meubles[9]... A demain... midi... (*Saluant.*) Messieurs... j'ai bien l'honneur... (*Il sort.*)

# ACTE III, SCÈNE X

PERRICHON, DANIEL, *puis* JEAN

DANIEL, *à Perrichon.*—Diable! vous êtes raide en affaires[1]!... avec un commandant surtout!

PERRICHON.—Lui! un commandant? Allons donc! Est-ce que les vrais commandants s'amusent à éplucher les fautes d'orthographe?

DANIEL.—N'importe. Il faut questionner, s'informer... (*Il sonne à la cheminée[2].*) savoir à qui nous avons à faire.

JEAN, *paraissant.*—Monsieur?

PERRICHON, *à Jean.*—Pourquoi as-tu laissé entrer cet homme qui sort d'ici?

JEAN.—Monsieur, il était déjà venu ce matin... J'ai même oublié de vous remettre sa carte...

DANIEL.—Ah! sa carte!

PERRICHON.—Donne! (*La lisant.*) Mathieu, ex-commandant au deuxième zouaves.

DANIEL.—Un zouave[3]!

PERRICHON—Saperlotte!

JEAN.—Quoi donc?

PERRICHON.—Rien! Laisse-nous! (*Jean sort.*)

DANIEL.—Eh bien! nous voilà dans une jolie situation!

PERRICHON.—Que voulez-vous? j'ai été trop vif... un homme si poli!... Je l'ai pris pour un notaire gradé[4]!

DANIEL.—Que faire?

PERRICHON.—Il faudrait trouver un moyen... (*Poussant un cri.*) Ah!...

DANIEL.—Quoi?

PERRICHON.—Rien! rien! Il n'y a pas de moyen! je l'ai insulté, je me battrai!... Adieu!

DANIEL.—Où allez-vous?

PERRICHON.—Mettre mes affaires en ordre... vous comprenez[5]...

DANIEL.—Mais cependant…

PERRICHON.—Daniel… quand sonnera l'heure du danger vous ne me verrez pas faiblir! (*Il sort à droite.*)

# ACTE III, SCÈNE XI

DANIEL, *seul*

Allons donc!... c'est impossible!... je ne peux pas laisser battre M. Perrichon avec un zouave!... C'est qu'il a du coeur le beau-père[1]!... je le connais, il ne fera pas de concessions... De son côté le commandant... et tout cela pour une faute d'orthographe! (*Cherchant.*) Voyons donc... si je prévenais l'autorité? oh! non!... au fait[2], pourquoi pas? personne ne le saura. D'ailleurs, je n'ai pas le choix des moyens... (*Il prend un buvard et un encrier sur une table près de la porte d'entrée et se place au guéridon.*) Une lettre au préfet de police!... (*Écrivant.*) Monsieur le Préfet... j'ai l'honneur de... (*Parlant tout en écrivant.*) Une ronde passera par là à point nommé[3]... le hasard aura tout fait... et l'honneur sera sauf. (*Il plie et cachette sa lettre et remet en place ce qu'il a pris.*) Maintenant il s'agit de la faire porter tout de suite... Jean doit être là! (*Il sort en appelant.*) Jean! Jean! (*Il disparaît dans l'antichambre.*)

# ACTE III, SCÈNE XII

PERRICHON, seul

*Il entre en tenant à la main une lettre qu'il lit*

«Monsieur le Préfet, je crois devoir prévenir l'autorité que deux insensés ont l'intention de croiser le fer demain, à midi moins un quart…» (*Parlé.*) Je mets moins un quart afin qu'on soit exact. Il suffit quelquefois d'un quart d'heure[1]!… (*Reprenant sa lecture.*) « à midi moins un quart… dans les bois de la Malmaison. Le rendez-vous est à la porte du garde[2]… Il appartient à votre haute administration de veiller sur la vie des citoyens. Un des combattants est un ancien commerçant, père de famille, dévoué à nos institutions et jouissant d'une bonne notoriété dans son quartier. Veuillez agrée[3], Monsieur le Préfet, etc. etc…» S'il croit me faire peur, ce commandant!… Maintenant l'adresse… (*Il écrit*[4].) «Très pressé, communication importante»… comme ça, ça arrivera… Où est Jean?

# ACTE III, SCÈNE XIII

PERRICHON, DANIEL, *puis* MADAME PERRICHON, HENRIETTE, *puis* JEAN

DANIEL, *entrant par le fond, sa lettre à la main.*—Impossible de trouver ce domestique. (*Apercevant Perrichon.*) Oh! (*Il cache sa lettre.*)

PERRICHON.—Daniel? (*Il cache aussi sa lettre.*)

DANIEL.—Eh bien, monsieur Perrichon?

PERRICHON.—Vous voyez... je suis calme ... comme le bronze[1]! (*Apercevant sa femme et sa fille.*) Ma femme, silence! (*Il descend.*)

MADAME PERRICHON, *à son mari.*—Mon ami, le maître de piano d'Henriette vient de nous envoyer des billets de concert pour demain... midi...

PERRICHON, *à part.*—Midi!

HENRIETTE.—C'est à son bénéfice; tu nous accompagneras?

PERRICHON.—Impossible! demain, ma journée est prise!

MADAME PERRICHON.—Mais tu n'as rien à faire.

PERRICHON.—Si... j'ai une affaire... très importante... demande à Daniel.

DANIEL.—Très importante!

MADAME PERRICHON.—Quel air sérieux! (*A son mari.*) Tu as la figure longue d'une aune, on dirait que tu as peur!

PERRICHON.—Moi? peur! I On me verra sur le terrain[2].

DANIEL, *à part.*—Aïe!

MADAME PERRICHON.—Le terrain!

PERRICHON, *à part.*—Sapristi! ça m'a échappé!

HENRIETTE, *courant à lui.*—Un duel! papa!

PERRICHON.—Eh bien! oui, mon enfant, je ne voulais pas te le dire, ça m'a échappé: ton père se bat!...

MADAME PERRICHON.—Mais avec qui?

PERRICHON.—Avec un commandant au deuxième zouaves!

MADAME PERRICHON et HENRIETTE, *effrayées.*—Ah! grand Dieu!

PERRICHON.—Demain, à midi, dans le bois de la Malmaison, à la porte du garde!

MADAME PERRICHON, *allant à lui.*—Mais tu es fou… toi! un bourgeois!

PERRICHON.—Madame Perrichon, je blâme le duel… mais il y a des circonstances où l'homme se doit à son honneur! (*A part, montrant sa lettre.*) Où est donc Jean?

MADAME PERRICHON, *à part.*—Non! c'est impossible! je ne souffrirai pas… (*Elle va à la table au fond et écrit à part.*) « Monsieur le préfet de police…»

JEAN, *paraissant.*—Le dîner est servi!

PERRICHON, *s'approchant de Jean et bas.*—Cette lettre à son adresse, c'est très pressé! (*Il s'éloigne.*)

DANIEL, *bas à Jean.*—Cette lettre à son adresse… c'est très pressé! (*Il s'éloigne.*)

MADAME PERRICHON, *bas à Jean.*-Cette lettre à son adresse… c'est très pressé!

PERRICHON.—Allons! à table!

HENRIETTE, *à part.*—Je vais faire prévenir[] monsieur Armand. (*Elle entre à droite.*)

MADAME PERRICHON, *à Jean avant de sortir.*—Chut!

DANIEL, *de même.*—Chut!

PERRICHON, *de même.*—Chut! (*Ils disparaissent tous les trois.*)

JEAN, *seul.*—Quel est ce mystère? (*Lisant l'adresse des trois lettres.*) Monsieur le préfet… Monsieur le préfet… (*Étonné, et avec joie.*) Tiens! il n'y a qu'une course!

# FIN DU TROISIÈME ACTE

# ACTE QUATRIÈME

Un jardin. Bancs, chaises, table rustique; à droite, un pavillon praticable[1].

## SCÈNE PREMIÈRE

DANIEL, *puis* PERRICHON

DANIEL, *entrant par le fond à gauche.*—Dix heures! le rendez-vous n'est que pour midi. (*Il s'approche du pavillon et fait signe.*) Psit! psit!

PERRICHON, *passant la tête à la porte du pavillon.*—Ah! c'est vous... ne faites pas de bruit... dans une minute je suis à vous. (*Il rentre.*)

DANIEL, *seul.*—Ce pauvre monsieur Perrichon! il a dû passer une bien mauvaise nuit... heureusement ce duel n'aura pas lieu.

PERRICHON, *sortant du pavillon avec un grand manteau.*—Me voici... je vous attendais...

DANIEL.—Comment vous trouvez-vous?

PERRICHON.—Calme comme le bronze!

DANIEL.—J'ai des épées dans la voiture.

PERRICHON, *entr'ouvrant son manteau.*—Moi, j'en ai là.

DANIEL.—Deux paires!

PERRICHON.—Une peut casser... je ne veux pas me trouver dans l'embarras.

DANIEL, *à part.*—Décidément, c'est un lion!... (*Haut.*) Le fiacre est à la porte... si vous voulez[2]...

PERRICHON.—Un instant! Quelle heure est-il?

DANIEL,—Dix heures!

PERRICHON.—Je ne veux pas arriver avant midi... ni après. (*A part.*) Ça ferait tout manquer.

DANIEL.—Vous avez raison... pourvu qu'on soit à l'heure... (*A part.*) Ça ferait tout manquer.

PERRICHON.—Arriver avant... c'est de la fanfaronnade... après, c'est de l'hésitation; d'ailleurs, j'attends Majorin... je lui ai écrit hier soir un mot pressant.

DANIEL.—Ah! le voici.

# ACTE IV, SCÈNE II

## LES MÊMES, MAJORIN

MAJORIN.—J'ai reçu ton billet, j'ai demandé un congé… de quoi s'agit-il?

PERRICHON.—Majorin… je me bats dans deux heures!…

MAJORIN.—Toi? allons donc! et avec quoi[1]?

PERRICHON, *ouvrant son manteau et laissant voir ses épées.*—Avec ceci.

MAJORIN.—Des épées!

PERRICHON.—Et j'ai compté sur toi pour être mon second. (*Daniel remonte.*)

MAJORIN.—Sur moi? permets, mon ami, c'est impossible!

PERRICHON.—Pourquoi?

MAJORIN.—Il faut que j'aille à mon bureau… je me ferais destituer.

PERRICHON.—Puisque tu as demandé un congé…

MAJORIN.—Pas pour être témoin!… On leur fait des procès aux témoins[2]!

PERRICHON.—Il me semble, monsieur Majorin, que je vous ai rendu assez de services pour que vous ne refusiez pas de m'assister dans une circonstance capitale de ma vie.

MAJORIN, *à part.*—Il me reproche ses six cents francs!

PERRICHON.—Mais si vous craignez de vous compromettre… si vous avez peur…

MAJORIN.—Je n'ai pas peur… (*Avec amertume.*) D'ailleurs je ne suis pas libre… tu as su m'enchaîner par les liens de la reconnaissance. (*Grinçant.*) Ah! la reconnaissance!

DANIEL, *à part.*—Encore un[3]!

MAJORIN.—Je ne te demande qu'une chose… c'est d'être de retour à deux heures… pour toucher mon dividende… je te rembourserai immédiatement, et alors… nous serons quittes!…

DANIEL.—Je crois qu'il est temps de partir. (*A Perrichon.*) Si vous désirez faire vos adieux à madame Perrichon et à votre fille…

PERRICHON.—Non! je veux éviter cette scène... ce serait 15 des pleurs, des cris... elles s'attacheraient à mes habits pour me retenir... partons! (*On entend chanter dans la coulisse.*) Ma fille!

# ACTE IV, SCÈNE III

LES MÊMES, HENRIETTE, *puis* MADAME PERRICHON

HENRIETTE, *entrant en chantant, et un arrosoir à la main.*—Tra la la! tra la la! (*Parlé.*) Ah! c'est toi, mon petit papa…

PERRICHON.—Oui… tu vois… nous partons… avec ces deux messieurs… il le faut… (*Il l'embrasse avec émotion.*) Adieu!

HENRIETTE, *tranquillement.*—Adieu, papa. (*A part.*) Il n'y a rien à craindre, maman a prévenu le préfet de police… et moi, j'ai prévenu monsieur Armand. (*Elle va arroser les fleurs.*)

PERRICHON, *s'essuyant les yeux et la croyant près de lui.*—Allons! ne pleure pas!… si tu ne me revois pas… songe… (*S'arrêtant.*) Tiens! elle arrose!

MAJORIN, *à part.*—Ça me révolte, mais c'est bien fait!

MADAME PERRICHON, *entrant avec des fleurs à la main, à son mari.*—Mon ami… peut-on couper quelques dahlias?

PERRICHON, *à part.*—Ma femme!

MADAME PERRICHON.—Je cueille un bouquet pour mes vases.

PERRICHON.—Cueille… dans un pareil moment je n'ai rien à te refuser… je vais partir, Caroline.

MADAME PERRICHON, *tranquillement.*—Ah! tu vas là-bas.

PERRICHON.—Oui… je vais… là-bas, avec ces deux messieurs.

MADAME PERRICHON.—Allons! tâche d'être revenu pour dîner.

PERRICHON et MAJORIN.—Hein?

PERRICHON, *à part.*—Cette tranquillité!… est-ce que ma femme ne m'aimerait pas?

MAJORIN, *à part.*—Tous les Perrichon manquent de coeur! c'est bien fait!

DANIEL.—Il est l'heure… si vous voulez être au rendez-vous à midi.

PERRICHON, *vivement.*—Précis!

MADAME PERRICHON, *vivement.*—Précis! vous n'avez pas de temps à perdre.

HENRIETTE.—Dépêche-toi, papa.

PERRICHON.—Oui…

MAJORIN, *à part.*—Ce sont elles qui le renvoient[1]! Quelle jolie famille!

PERRICHON.—Allons! Caroline! ma fille! adieu! adieu! (*Ils remontent.*)

# ACTE IV, SCÈNE IV

## LES MÊMES, ARMAND

ARMAND, *paraissant au fond.*—Restez, monsieur Perrichon: le duel n'aura pas lieu.

TOUS.—Comment?

HENRIETTE, *à part.*—Monsieur Armand! j'étais bien sûre de lui!

MADAME PERRICHON, *à Armand.*—Mais expliquez-nous...

ARMAND.—C'est bien simple... je viens de faire mettre à Clichy le commandant Mathieu.

TOUS.—A Clichy?

DANIEL, *à part.*—Il est très actif[1], mon rival!

ARMAND.—Oui... cela avait été convenu depuis un mois entre le commandant et moi... et je ne pouvais trouver une meilleure occasion de lui être agréable... (*A Perrichon.*) et de vous en débarrasser!

MADAME PERRICHON, *à Armand.*—Ah! monsieur, que de reconnaissance!...

HENRIETTE, *bas.*—Vous êtes notre sauveur!

PERRICHON, *à part.*—Eh bien! je suis contrarié de ça... j'avais si bien arrangé ma petite affaire... à midi moins un quart on nous mettait[2] la main dessus...

MADAME PERRICHON, *allant à son mari.*—Remercie donc!

PERRICHON.—Qui ça[3]?

MADAME PERRICHON.—Eh bien! monsieur Armand.

PERRICHON.—Ah! oui. (*A Armand, sèchement.*) Monsieur, je vous remercie.

MAJORIN, *à part.*—On dirait que ça l'étrangle. (*Haut.*) Je vais toucher mon dividende. (*A Daniel.*) Croyez-vous que la caisse soit ouverte?

DANIEL.—Oui, sans doute. J'ai une voiture, je vais vous conduire. Monsieur Perrichon, nous nous reverrons; vous avez une réponse à me donner.

MADAME PERRICHON, *bas à Armand.*—Restez. Perrichon a promis de se prononcer aujourd'hui: le moment est favorable, faites votre demande.

ARMAND.—Vous croyez?... c'est que[4]...

HENRIETTE, *bas.*—Courage, monsieur Armand!

ARMAND.—Vous! oh! quel bonheur!

MAJORIN.—Adieu, Perrichon.

DANIEL, *saluant.*—Madame… mademoiselle. (*Henriette et madame Perrichon sortent par la droite. Majorin et Daniel par le fond, à gauche.*)

# ACTE IV, SCÈNE V

PERRICHON, ARMAND, *puis* JEAN *et* LE COMMANDANT

PERRICHON, *à part.*—Je suis très contrarié… très contrarié!… j'ai passé une partie de la nuit à écrire à mes amis que je me battais… je vais être ridicule.

ARMAND, *à part.*—Il doit être bien disposé… Essayons. (*Haut.*) Mon cher monsieur Perrichon…

PERRICHON, *sèchement.*—Monsieur?

ARMAND.—Je suis plus heureux que je ne puis le dire d'avoir pu terminer cette désagréable affaire.

PERRICHON, *à part.*—Toujours son petit air protecteur! (*Haut.*) Quant à moi, monsieur, je regrette que vous m'ayez privé du plaisir de donner une leçon à ce professeur de grammaire!

ARMAND.—Comment? mais vous ignorez donc que votre adversaire…

PERRICHON.—Est un ex-commandant au deuxième zouaves… Eh bien, après[1]?…J'estime l'armée, mais je suis de ceux qui savent la regarder en face! (*Il passe fièrement devant lui.*)

JEAN, *paraissant et annonçant.*—Le commandant Mathieu.

PERRICHON.—Hein?

ARMAND.—Lui!

PERRICHON.—Vous me disiez qu'il était en prison!

LE COMMANDANT, *entrant.*—J'y étais, en effet, mais j'en suis sorti. (*Apercevant Armand.*) Ah! monsieur Armand! je viens de consigner le montant du billet que je vous dois, plus les frais[2]…

ARMAND.—Très bien, commandant… Je pense que vous ne me gardez pas rancune… vous paraissiez si désireux d'aller à Clichy.

LE COMMANDANT.—Oui, j'aime Clichy… mais pas les jours où je dois me battre. (*A Perrichon.*) Je suis désolé, monsieur, de vous avoir fait attendre…

JEAN, *à part.*—Oh! ce pauvre bourgeois!

PERRICHON.—Je pense, monsieur, que vous me rendrez la justice de croire que je suis tout à fait étranger à l'incident qui vient de se produire.

ARMAND.—Tout à fait! car à l'instant même, monsieur me manifestait ses regrets de ne pouvoir se rencontrer avec vous.

LE COMMANDANT, *à Perrichon.*—Je n'ai jamais douté, monsieur, que vous ne fussiez un loyal adversaire.

PERRICHON, *avec hauteur.*—Je me plais à l'espérer[3], monsieur.

JEAN, *à part.*—Il est très solide, le bourgeois.

LE COMMANDANT.—Mes témoins sont à la porte… partons!

PERRICHON.—Partons!

LE COMMANDANT, *tirant sa montre.*—Il est midi.

PERRICHON, *à part.*—Midi!… déjà!

LE COMMANDANT.—Nous serons là-bas à deux heures.

PERRICHON, *à part.*—Deux heures! ils[4] seront partis.

ARMAND.—Qu'avez-vous donc[5]?

PERRICHON.—J'ai… j'ai… messieurs, j'ai toujours pensé qu'il y avait quelque noblesse à reconnaître ses torts.

LE COMMANDANT et JEAN, *étonnés.*—Hein?

ARMAND.—Que dit-il?

PERRICHON.—Jean… laisse-nous!

ARMAND.—Je me retire aussi.

LE COMMANDANT.—Oh! pardon! je désire que tout ceci se passe devant témoins.

ARMAND.—Mais…

LE COMMANDANT.—Je vous prie de rester.

PERRICHON.—Commandant… vous êtes un brave militaire… et moi… j'aime les militaires! je reconnais que j'ai eu des torts envers vous… et je vous prie de croire que… (*A part.*) Sapristi! devant mon domestique! (*Haut.*) Je vous prie de croire qu'il n'était ni dans mes intentions… (*Il fait signe de sortir à Jean, qui a l'air de ne pas comprendre. A part.*) Ça m'est égal, je le mettrai à la porte ce soir. (*Haut.*) …ni dans ma pensée… d'offenser un homme que j'estime et que j'honore!

JEAN, *à part.*—Il cane, le patron!

LE COMMANDANT.—Alors, monsieur, ce sont des excuses?

ARMAND, *vivement.*—Oh! des regrets!…

PERRICHON.—N'envenimez pas[6]! n'envenimez pas! laissez parler le commandant.

LE COMMANDANT.—Sont-ce des regrets ou des excuses?

PERRICHON, *hésitant*.—Mais… moitié l'un… moitié l'autre…

LE COMMANDANT.—Monsieur, vous avez écrit en toutes lettres sur le livre du Montanvert… le commandant est un…

PERRICHON, *vivement*.—Je retire le mot! il est retiré!

LE COMMANDANT.—Il est retiré… ici… mais là-bas il s'épanouit au beau milieu d'une page que tous les voyageurs peuvent lire.

PERRICHON.—Ah! dame! pour ça! à moins que je ne retourne moi-même l'effacer…

LE COMMANDANT.—Je n'osais pas vous le demander, mais puisque vous me l'offrez…

PERRICHON.—Moi?

LE COMMANDANT.—…j'accepte.

PERRICHON.—Permettez…

LE COMMANDANT.—Oh! je ne vous demande pas de repartir aujourd'hui… non!… mais demain.

PERRICHON et ARMAND.—Comment?

LE COMMANDANT.—Comment? Par le premier convoi, et vous bifferez vous-même, de bonne grâce[7], les deux méchantes lignes échappées à votre improvisation… ça m'obligera.

PERRICHON.—Oui… comme ça… il faut que je retourne en Suisse?

LE COMMANDANT.—D'abord, le Montanvert étant en Savoie… maintenant c'est la France[8]!

PERRICHON.—La France, reine des nations!

JEAN.—C'est bien moins loin!

LE COMMANDANT, *ironiquement*.—Il ne me reste plus qu'à rendre hommage à vos sentiments de conciliation.

PERRICHON.—Je n'aime pas à verser le sang!

LE COMMANDANT, *riant*.—Je me déclare complètement satisfait. (*A Armand.*) Monsieur Desroches, j'ai encore quelques billets en circulation; s'il vous en passe un par les mains, je me recommande toujours à vous![9] (*Saluant.*) Messieurs, j'ai bien l'honneur de vous saluer!

PERRICHON, *saluant.*—Commandant... (*Le Commandant sort.*)

JEAN, *à Perrichon, tristement.*—Eh bien! monsieur... voilà votre affaire arrangée.

PERRICHON, *éclatant.*—Toi, je te donne ton compte[10]! va faire des paquets, animal!

JEAN, *stupéfait.*—Ah bah! qu'est-ce que j'ai fait? (*Il sort à droite.*)

# ACTE IV, SCÈNE VI

## ARMAND, PERRICHON

PERRICHON, *à part.*—Il n'y a pas à dire… j'ai fait des excuses! moi! dont on verra le portrait au Musée… mais à qui la faute? à ce M. Armand!

ARMAND, *à part, au fond.*—Pauvre homme! je ne sais que lui dire.

PERRICHON, *à part.*—Ah ça! est-ce qu'il ne va pas s'en aller? Il a peut-être encore quelque service à me rendre… Ils sont jolis, ses services!

ARMAND.—Monsieur Perrichon!

PERRICHON.—Monsieur?

ARMAND.—Hier, en vous quittant, je suis allé chez mon ami… l'employé à l'administration des douanes… Je lui ai parlé de votre affaire.

PERRICHON, *sèchement.*—Vous êtes trop bon.

ARMAND.—C'est arrangé… on ne donnera pas suite au procès.

PERRICHON.—Ah!

ARMAND.—Seulement, vous écrirez au douanier quelques mots de regrets.

PERRICHON, *éclatant.*—C'est ça! des excuses!… De quoi vous mêlez-vous, à la fin[1]?

ARMAND.—Mais…

PERRICHON.—Est-ce que vous ne perdrez pas l'habitude de vous fourrer à chaque instant dans ma vie?

ARMAND.—Comment?

PERRICHON.—Oui, vous touchez à tout! Qui est-ce qui vous a prié de faire arrêter le commandant? Sans vous nous étions tous là-bas, à midi!

ARMAND.—Mais rien ne vous empêchait d'y être à deux heures.

PERRICHON.—Ce n'est pas la même chose.

ARMAND.—Pourquoi?

PERRICHON.—Vous me demandez pourquoi? Parce que… non! Vous ne saurez pas pourquoi! (*Avec colère.*) Assez de services, monsieur! assez de services! Désormais, si je tombe dans un trou, je vous prie de m'y laisser! j'aime mieux donner cent francs au guide… car ça coûte cent francs… il n'y a pas de quoi être si fier! Je vous prierai aussi de ne plus changer les heures de mes duels, et de me laisser aller en prison si c'est ma fantaisie.

ARMAND.—Mais, monsieur Perrichon…

PERRICHON.—Je n'aime pas les gens qui s'imposent… c'est de l'indiscrétion! Vous m'envahissez[2]!…

ARMAND.—Permettez…

PERRICHON.—Non, monsieur! on ne me domine pas, moi! Assez de services! (*Il sort par le pavillon.*)

# ACTE IV, SCÈNE VII

ARMAND, puis HENRIETTE

ARMAND, *seul.*—Je n'y comprends plus rien… je suis abasourdi!

HENRIETTE, *entrant par la droite, au fond.*—Ah! monsieur Armand!

ARMAND.—Mademoiselle Henriette!

HENRIETTE.—Avez-vous causé avec papa?

ARMAND.—Oui, mademoiselle.

HENRIETTE.—Eh bien?

ARMAND.—Je viens d'acquérir la preuve de sa parfaite antipathie.

HENRIETTE.—Que dites-vous là? C'est impossible.

ARMAND.—Il a été jusqu'à me reprocher de l'avoir sauvé au Montanvert… J'ai cru qu'il allait m'offrir cent francs de récompense.

HENRIETTE.—Cent francs! Par exemple!

ARMAND.—Il dit que c'est le prix!…

HENRIETTE.—Mais c'est horrible! c'est de l'ingratitude!…

ARMAND.—J'ai senti que ma présence le froissait, le blessait… et je n'ai plus, mademoiselle, qu'à vous faire mes adieux.

HENRIETTE, *vivement.*—Mais, pas du tout! restez!

ARMAND.—A quoi bon? c'est à Daniel qu'il réserve votre main.

HENRIETTE.—Monsieur Daniel?… mais je ne veux pas!

ARMAND, *avec joie.*—Ah!

HENRIETTE, *se reprenant.*—Ma mère ne veut pas! elle ne partage pas les sentiments de papa; elle est reconnaissante, elle; elle vous aime… Tout à l'heure elle me disait encore: Monsieur Armand est un honnête homme… un homme de coeur, et ce que j'ai de plus cher au monde, je le lui donnerais…

ARMAND.—Mais, ce qu'elle a de plus cher… c'est vous!

HENRIETTE, *naïvement.*—Je le crois.

ARMAND.—Ah! mademoiselle, que je vous remercie!

HENRIETTE.—Mais, c'est maman qu'il faut remercier.

ARMAND.—Et vous, mademoiselle, me permettez-vous d'espérer que vous auriez pour moi la même bienveillance?

HENRIETTE, *embarrassée.*—Moi, monsieur?…

ARMAND.—Oh! parlez! je vous en supplie…

HENRIETTE, *baissant les yeux.*—Monsieur, lorsqu'une demoiselle est bien élevée, elle pense toujours comme sa maman. (*Elle se sauve.*)

# ACTE IV, SCÈNE VIII

ARMAND, *puis* DANIEL

ARMAND, *seul.*—Elle m'aime! elle me l'a dit!... Ah! je suis trop heureux!... ah!...

DANIEL, *entrant.*—Bonjour, Armand.

ARMAND.—C'est vous... (*A part.*) Pauvre garçon!

DANIEL.—Voici l'heure de la philosophie[1]... Monsieur Perrichon se recueille... et dans dix minutes nous allons connaître sa réponse. Mon pauvre ami!

ARMAND.—Quoi donc?

DANIEL.—Dans la campagne que nous venons de faire, vous avez commis fautes sur fautes...

ARMAND, *étonné.*—Moi?

DANIEL.—Tenez, je vous aime, Armand... et je veux vous donner un bon avis qui vous servira... pour une autre fois!... vous avez un défaut mortel!

ARMAND.—Lequel?

DANIEL.—Vous aimez trop à rendre service... c'est une passion malheureuse[2]!

ARMAND, *riant.*—Ah! par exemple!

DANIEL.—Croyez-moi... j'ai vécu plus que vous[3], et dans un monde... plus avancé! Avant d'obliger un homme, assurez-vous bien d'abord que cet homme n'est pas un imbécile.

ARMAND.—Pourquoi?

DANIEL.—Parce qu'un imbécile est incapable de supporter longtemps cette charge écrasante qu'on appelle la reconnaissance; il y a même des gens d'esprit[4] qui sont d'une constitution si délicate...

ARMAND, *riant.*—Allons! développez votre paradoxe!

DANIEL.—Voulez-vous un exemple: monsieur Perrichon...

PERRICHON, *passant sa tête à la porte du pavillon.*—Mon nom!

DANIEL.—Vous me permettrez de ne pas le ranger dans la catégorie des hommes supérieurs... (*Perrichon disparaît.*) Eh bien! monsieur Perrichon vous a pris tout doucement en grippe.

ARMAND.—J'en ai bien peur.

DANIEL.—Et pourtant vous lui avez sauvé la vie. Vous croyez peut-être que ce souvenir lui rappelle un grand acte de dévouement? Non! il lui rappelle trois choses: primo, qu'il ne sait pas monter à cheval; secundo, qu'il a eu tort de mettre des éperons, malgré l'avis de sa femme; tertio, qu'il a fait en public une culbute ridicule…

ARMAND.—Soit, mais…

DANIEL.—Et comme il fallait un bouquet à ce beau feu d'artifice, vous lui avez démontré, comme deux et deux font quatre, que vous ne faisiez aucun cas de son courage, en empêchant un duel… qui n'aurait pas eu lieu.

ARMAND.—Comment?

DANIEL.—J'avais pris mes mesures… Je rends aussi quelquefois des services…

ARMAND.—Ah! vous voyez bien[5]!

DANIEL.—Oui, mais moi, je me cache… je me masque! Quand je pénètre dans la misère de mon semblable, c'est avec des chaussons et sans lumière… comme dans une poudrière! D'où je conclus…

ARMAND.—Qu'il ne faut obliger personne?

DANIEL.—Oh! non! mais il faut opérer nuitamment et choisir sa victime! D'où je conclus que ledit Perrichon vous déteste; votre présence l'humilie, il est votre obligé[6], votre inférieur! vous l'écrasez, cet homme!

ARMAND.—Mais c'est de l'ingratitude!…

DANIEL.—L'ingratitude est une variété de l'orgueil… C'est l'indépendance du coeur, a dît un aimable philosophe[7]. Or, monsieur Perrichon est le carrossier le plus indépendant de la carrosserie française! J'ai flairé cela tout de suite… Aussi[8] ai-je suivi une marche tout à fait opposée à la vôtre.

ARMAND.—Laquelle?

DANIEL.—Je me suis laissé glisser… exprès! dans une petite crevasse… pas méchante.

ARMAND.—Exprès?

DANIEL.—Vous ne comprenez pas? Donner à un carrossier l'occasion de sauver son semblable, sans danger pour lui, c'est un coup de maître! Aussi, depuis ce jour, je suis sa joie, son triomphe, son fait d'armes! Dès que je parais, sa figure s'épanouit, son estomac se gonfle, il lui pousse des plumes de paon[9]! dans sa redingote!… Je le tiens, comme la vanité tient l'homme!…

Quand il se refroidit, je le ranime, je le souffle... je l'imprime dans le journal... à trois francs la ligne!

ARMAND.—Ah bah! c'est vous?

DANIEL.—Parbleu! Demain je le fais peindre à l'huile... en tête-à-tête avec le mont Blanc! J'ai demandé un tout petit mont Blanc et un immense Perrichon! Enfin, mon ami, retenez bien ceci... et surtout gardez-moi le secret[10]: les hommes ne s'attachent point à nous en raison des services que nous leur rendons, mais en raison de ceux qu'ils nous rendent!

ARMAND.-Les hommes... c'est possible... mais les femmes!

DANIEL.—Eh bien, les femmes?...

ARMAND.—Elles comprennent la reconnaissance, elles savent garder au fond du coeur le souvenir du bienfait.

DANIEL.—Dieu! la jolie phrase!

ARMAND.—Heureusement madame Perrichon ne partage pas les sentiments de son mari.

DANIEL.—La maman est peut-être pour vous... mais j'ai pour moi l'orgueil du papa... du haut du Montanvert ma crevasse me protège[11]!

# ACTE IV, SCÈNE IX

## LES MÊMES, PERRICHON, MADAME PERRICHON, HENRIETTE

PERRICHON, *entrant accompagné de sa femme et de sa fille; il est très grave.*—Messieurs, je suis heureux de vous trouver ensemble... vous m'avez fait tous deux l'honneur de me demander la main de ma fille... vous allez connaître ma décision...

ARMAND, *à part.*—Voici le moment.

PERRICHON, *à Daniel, souriant.*—Monsieur Daniel... mon ami!...

ARMAND, *à part.*—Je suis perdu!

PERRICHON.—J'ai déjà fait beaucoup pour vous... je veux faire plus encore... Je veux vous donner...

DANIEL, *remerciant.*—Ah! monsieur!

PERRICHON, *froidement.*—...un conseil!... (*Bas.*) Parlez moins haut quand vous serez près d'une porte.

DANIEL, *étonné.*—Ah bah!

PERRICHON.—Oui... je vous remercie de la leçon. (*Haut.*) Monsieur Armand... vous avez moins vécu que votre ami... vous calculez moins, mais vous me plaisez davantage... je vous donne ma fille.

ARMAND.—Ah! monsieur!...

PERRICHON.—Et remarquez que je ne cherche pas à m'acquitter envers vous... je désire rester votre obligé... (*Regardant Daniel.*) car il n'y a que les imbéciles qui ne savent pas supporter cette charge écrasante qu'on appelle la reconnaissance. (*Il se dirige vers la droite, madame Perrichon fait passer sa fille du côté d'Armand, qui lui donne le bras.*)

DANIEL, *à part.*—Attrape[1]!

ARMAND, *à part.*—Oh! ce pauvre Daniel!

DANIEL.—Je suis battu! (*A Armand.*) Après comme avant, donnons-nous la main.

ARMAND.—Oh! de grand coeur!

DANIEL, *allant à Perrichon.*—Ah! monsieur Perrichon, vous écoutez aux portes!

PERRICHON.—Eh! mon Dieu! un père doit chercher à s'éclairer... (*Le prenant à part.*) Voyons, là... vraiment, est-ce que vous vous y êtes jeté exprès?

DANIEL.—Où ça?

PERRICHON.—Dans le trou.

DANIEL.—Oui... mais je ne le dirai à personne.

PERRICHON.—Je vous en prie[2]. (*Poignées de main.*)

# ACTE IV, SCÈNE X

## LES MÊMES, MAJORIN

MAJORIN.—Monsieur Perrichon, j'ai touché mon dividende à trois heures... et j'ai gardé la voiture de monsieur[1] pour vous rapporter plus tôt vos six cents francs... les voici!

PERRICHON.—Mais cela ne pressait pas.

MAJORIN.—Pardon, cela pressait... considérablement: maintenant nous sommes quittes... complètement quittes.

PERRICHON, *à part.*—Quand je pense que j'ai été comme ça[2]!...

MAJORIN, *à Daniel.*—Voici le numéro[3] de votre voiture, il y a sept quarts d'heure. (*Il lui donne une carte.*)

PERRICHON.—Monsieur Armand, nous resterons chez nous demain soir... et si vous voulez nous faire plaisir, vous viendrez prendre une tasse de thé...

ARMAND, *courant à Perrichon, bas.*—Demain! vous n'y pensez pas[4]!... et votre promesse au commandant? (*Il retourne près d'Henriette.*)

PERRICHON.—Ah! c'est juste! (*Haut.*) Ma femme... ma fille... nous repartons demain matin pour la mer de Glace.

HENRIETTE, *étonnée.*—Hein?

MADAME PERRICHON.—Ah! par exemple! nous en arrivons! pourquoi y retourner?

PERRICHON,—Pourquoi? peux-tu le demander? tu ne devines pas que je veux revoir l'endroit où Armand m'a sauvé?

MADAME PERRICHON.—Cependant...

PERRICHON.—Assez! ce voyage m'est commandant... (*Se reprenant.*) commandé[5] par la reconnaissance!

# NOTES

## ACTE PREMIER

### SCÈNE PREMIÈRE

1: chemin de fer de Lyon: the short name for the great railroad company of which the full name is *Chemin de fer de Paris à Lyon et à la Méditerranée.*

2: salles d'attente: fifty years ago (this play was written in 1860) the passengers were never admitted to the platforms except through the waiting rooms, at the entrance to which tickets had to be shown.—Au fond: at the back of the stage; what is, in technical stage parlance, called «center.» Thus these directions would be exactly as follows: Center: waiting-room gate; Right of Center: ticket-office window; Left of Center: seats; Right (*i.e.* right side of stage): woman in charge of a candy stall; Left (of stage): book stall.

3: marchande: feminine. The French companies very often give the right to sell flowers, or candy, or books, to the wives or widows oftheir employees.

4: commissionnaires: properly those employees who may carry parcels, etc., outside the station, to which the nearest approach in America is the so-called «parcels porter» of certain companies. The man who handles the baggage in the station only, our «baggage porter,» is the *facteur.*

5: bien: often ironical, but here merely emphasizing *c'est*, and to be translated only by a voice stress on «is.»

6: Des carrossiers, etc.: as an employee, however subordinate, in some company or other (which is not specified in the play), Majorin sneers at «trade»; the «office,» *bureau*, looks down on the «store,» *magasin*, a frame of mind still frequently to be met with in France. Traveling, which was far more expensive half a century ago, was considered the privilege of the wealthy aristocracy. Hence the point: A tradesman aping the nobility! A mere carriage maker enjoying a lordly income! A carriage maker keeping a carriage!—a humorous climax. Observe the meanness of Majorin: he professes to be a friend of Perrichon's, borrows money from him at the most inconvenient time, and yet behind his back sneers at him from the fancied vantage ground of «not being in trade» himself.

7: de garde: during the Second Empire (the reign of Napoleon III, 1852-1870) a National Guard was instituted, to which every citizen must belong. These National Guardsmen were called upon at certain times for drill or duty in the city. As these calls were imperative, all other obligations had to give way to them. Hence an unscrupulous fellow who wanted a day off would often allege such a call.

8: faire l'important: *be so superior*! literally, «play the important man,» a frequent use of *faire*.

9: ça fait pitié: *sickening sight*! lit., «that moves one to disgust,» a shade of meaning sometimes taken by *pitié* which should be noted.

10: toujours: observe the three meanings of this word: 1. always; 2. still; and 3. anyhow. Tr., *Still no Perrichon*!—On dirait, etc.: *He might be doing it on purpose*! This use of the conditional of *dire* to express «one would say,» «it seems as though,» is very frequent andshouldbe clearly understood.

11: l'employé: *i.e.* the official who stands *outside* the ticket window, to see that passengers get the right tickets and change, etc. This manis referred to again at the end of Sc. 6.

12: Il sort par la gauche: get into the way of translating by the corresponding technical English: *Exit left*.

# ACTE I, SCÈNE II

1: Dieu! que j'ai chaud: the student must not make the mistake of thinking that *Dieu*! and *Diable*! are anywhere near as strong in French as in English. Tr., *My! but I'm hot*! Carefully preserve the lack of refinement in the speech of both Mr. and Mrs. Perrichon.

2: Tiens: see List of Exclamations.

3: premières: the long expression *un billet de première classe* is shortened to *une première classe*, and indeed to: *une première*. Most European trams have first, second, and third class carriages, except the expresses.

4: rapides... Alpes: Mr. Perrichon's grandiloquence must be carefully brought out in translation.

5: son café: the small cup of black coffee after a meal, to the habit of which many people in France are slaves.

6: quand... compte: *when you've got your figures straight...* supply «you feel more comfortable.»

7: Nous sommes neuf: Mr. Perrichon comically counts the persons with the baggage, and the porter in the same vein replies, *O.K.*! lit., «Take (it) away!» the regular phrase used in the French baggage rooms, when a trunk has been duly weighed, by the man at the scales to the porter who has brought it and who will wheel it away.

# ACTE I, SCÈNE III

1: un ahuri: this use of *ahuri* as a noun is a vulgarity of speech. fr., *He acts crazylike*. Lit., «one whose hair stands on end like a wild boar's mane (*hure*) with amazement.»

2: la Mairie: the (town-) Hall, or Mayor's official residence. There is a Mayor and a *Mairie* for each of the twenty *arrondissements* or wards into which Paris is divided for municipal purposes.

3: Je bénis le hasard: *What a fortunate coincidence!* Lit., «I bless chance (which has made me meet you).»—Ces dames: is the third person of politeness, used even when you are speaking to the parties; use the second person in English: *You are leaving the city, ladies?*

# ACTE I, SCÈNE IV

1: très-bien: *very gentlemanly*.

2: Après ça: *after all*.

# ACTE I, SCÈNE V

1: les jambes… corps: *I'm dog-tired*. Lit., «my legs are being telescoped into my body,» a very unrefined expression.

2: Tu n'en finis pas: *You are so slow!* Lit., «you do not make an end of the job.»

3: Voyons: see List of Exclamations.

# ACTE I, SCÈNE VI

1: table: the long counter on which baggage is laid in many French stations, previous to weighing.

2: y: *after it*. Lit., «there,» *i.e.* where my baggage is.

3: Il ne… ça: *That's not what I mean*; lit., «the question is not about that.»

4: le constater: *establish that point*.

5: Allons donc: see List of Exclamations.

6: aussi: Majorin was in the wrong, *too*, when he made so indiscreet a request. *But then, why on earth do YOU come…*

7: cinq… an: a hint that he does not expect Perrichon to charge him any interest at all, since only «usurers» would charge five per cent.

8: a de l'ordre: *is thrifty.*—Il faut ça: *a very necessary thing.* Lit., «it takes that» (for good management).

9: ça: very contemptuous when used of a person, as in English: *And it goes to Switzerland!*

10: la balustrade: a railing in front of the ticket window, to keep passengers in single line.

## ACTE I, SCÈNE VII

1: entends: note that this verb means: 1. to hear; 2. to understand; 3. to mean.

2: Sauf votre respect: *Beg pardon, major, but...* Lit., «the respect due to you being preserved.» Cf. the Irish expression, «saving your presence.»

3: autant vaudrait: idiomatic inversion = *il vaudrait autant.* Tr. *you might as well.*

4: on: the reluctance of the Major to mention his sweetheart by name must be preserved: *anybody.*

5: Allons, c'est bien: *That'll do!* See List of Exclamations. Observe the Major's impatience to get a letter, in spite of his running away.

## ACTE I, SCÈNE VIII

1: bulletin: in France the receipt for baggage is a slip of paper. Note the humor of the following exclamation: *I'm checked!*

2: Ce n'est pas malheureux: *Time you were!* Lit., «It is no misfortune that you should be!» She is cross and sarcastic.

3: va pour: an idiomatic expression, meaning «let it go at.» Here: *We'll make it.*—The French *sou*, or five-centimes piece, is our cent, ofwhich twenty make one franc. French money can easily be read into Americanmoney by multiplying by two and then dividing by ten. *E.g.* Perrichon' stickets cost him 172.05 francs; 172.05 X 2 by inspection = 344.1; divide by 10 by moving the decimal point: $34.41.

4: impression; see acte I, scène II.

5: je l'aurai laissé: *I must have left it in the baggage room.* The future past is idiomatically used to suggest explanation. Lit., I shall (find on investigation that I) have left it, etc.

6: Adieu... nations: note the humor of Mr. Perrichon's grandiloquent farewell to France, when so far he is only leaving Paris, and is only just going across the border anyhow.—The bell heard at this point is the hand-bell which, in many European stations is rung just previous to the departure of a train. The locomotives have no bells, only whistles.

7: sa: of course, Mr. Perrichon's.

# ACTE I, SCÈNE IX

1: nous faire aimer: *to win her affection*. Lit., «to make (her) love us.»—chacun de notre côté: *each one for himself.*

2: votre affaire: *the very thing*. Lit., «your business,» «the thing you want.»

3: la Saône: (pronounced Sône) flows into the river Rhône at Lyons.

4: bêtises: *nonsense, i.e.* anything he would not like his daughter to read. Note the polite salutations between the customer and vender in French.

5: C'est égal: *All the same*. Lit., «It is an equal (*i.e.* indifferent) matter,» or «never mind (about the rest), still I should like to,» etc.

6: Tableau: *Business, i.e.* a certain amount of dumb show goes on, travelers bustle in, etc., before the curtain drops.

# ACTE DEUXIÈME

## SCÈNE PREMIÈRE

1: Montanvert: on the slopes of Mont Blanc, in French Switzerland, and close to the famous glacier known as the Mer de Glace.

2: Ces messieurs; see acte I, scène III, note 3.

3: opérations: a military metaphor kept up in his next speech.

4: wagon: (pronounced *vagon*), is only used of railroad cars, or even of «compartments,» *i.e.* divisions of coaches, on the European plan, each compartment to carry from six to ten passengers (according to the «class»), seated facing each other.

5: prévenances… petits soins: the former anticipate a person's needs or desires, the latter are «attentions» in general.

6: Dijon: a station a little more than halfway between Paris and Lyons, some four or five hours' journey from the latter.

7: la mécanique: *the spring*. It does not appear whether Armand held down a shade that would fly up, or held up a shade that would come down.—a dû: note the use of the indicative of *devoir* to express necessary sequence: it «must have.»

8: vous vous... nourrir: *You got your board out of them.*

9: Chamouny: the nearest village to Mont Blanc, about 3500 feet above the sea level.—le Perrichon: the use of the article is humorous: *old man Perrichon.*—de s'écrier: the narrative infinitive of the Latin, giving greater vividness to the story.

10: gentilhomme: «nobleman,» not «gentleman.» *'Twas nobly done!*

11: Merci: in answer to any offer, is very generally *No, thank you.*

12: Châlon (sur-Saône): about halfway between Dijon and Lyons.

13: le: *i.e. sérieux.*

14: vont tout seuls: a play on the expression *aller tout seul,* used oftoys, etc., that are worked by machinery, and need no drawing with a string, and also of undertakings that are easy and require little or no effort. Daniel's tug-boats *need no pushing* by him.

15: j'ai associé... personne: *i.e.* he is, as it were, a silent partner, a sort of «amateur banker.» An amateur in music, painting, etc., practices his art as a hobby, for his personal satisfaction, and not as a profession.

16: Il n'y a... blondes: *fair complexions are getting very scarce.*

17: Comme... aimons: *Just the shade we dote on,* and not «How we love them!»

18: c'est qu'il est: this *c'est que,* often omitted in English, introducesa reason or explanation; in this case, for his exclamation of alarm.

19: Ferney: four or five miles northwest of Geneva, and for twenty years the residence of the great French writer, Voltaire.—Lausanne: some thirty-three miles northeast of Geneva.

20. Je ne tiens pas en place: *I can't sit still.*—J'ai envie de: *I have half a mind to.*

## ACTE II, SCÈNE II

1: c'est tout coeur, tout feu: _he is so warm-hearted, so impulsive!—ça ne sait pas vivre: *he doesn't know what's what!* Lit., «he doesn't understand life,» what is important in life (*e.g.* coffee after meals) and what is not. *Ça* still patronizing, if not contemptuous, acte I, scène VI, note 9.

2: ça ne lui a pas réussi: *he didn't make a success of it, i.e.* it made him feel sick.

3: en plein soleil: *in the blazing sun.* Cf. *en plein air, en pleine mer,* «in the open air,» «in mid ocean.»

4: nous avons: supply: as a precedent. The allusion is to the well-known story of the race won by the slow tortoise against the swift hare.

5: si haut: *at such an elevation*, with possibly a play on the word *haut*, which also means «loud.»

6: la belle écriture: the excellent penmanship (of special advantage in business) and the inane remark of Mr. Malaquais, show him up as an uncultivated tradesman.—Rentier: after his name is the technical term for a business man who has retired and lives on his income. Tr., *no profession*.

# ACTE II, SCÈNE III

1: n'y sont pour rien: *have nothing to do with it*.

2: tu l'auras piquée: for this use of the future past, see acte I, scène VIII, note 5.

3: disparaissait: the imperfect for greater vividness, instead of theconditional past. Cf. in English, «Another step and he was (= would havebeen) a dead man.»

4: A mon tour: supply, to thank Armand. A = «(It has come round) to.»

5: Comment donc: see List of Exclamations.

6: vous ferez reconduire le cheval: the horse is to be led down to Chamouny: Perrichon will not ride it. The whole party will drive down.

7: j'ai trop serré: supply: *sa main*.

# ACTE II, SCÈNE IV

1: Que voulez-vous: very frequent in conversation to express helpless resignation to the inevitable. The meaning is: «What do you wish me to do in the matter?» or «What was I to do?» or «How can I help it?» The translation must vary with the context.

2: vous cultivez le précipice: *you go in for precipices, i.e.* you workthem into your schemes, make them help you.

3: vous céder la place; *disappear*. Lit., «yield the position to you.»

4: vous retrouverez: the force of *re-* is «on your return.»

5: Voilà… coeur: *That was genuine! i.e.* straight from the heart.

6: aussi: at the beginning of a clause, *aussi* means «and consequently,»although the translation may vary («so,» «then,» etc.).

7: faire la demande: offers in marriage are very generally, in France, made by a third party.

8: Mon ami: it is difficult to translate some of these effusions. *Dear old fellow*! might do duty here.

9: Soyez tranquille: *Don't be afraid.* Unlike *restez tranquille*, whichmeans «sit still.»—Chez lui: obviously not «at his house,» but *in him. I'll twang the string of gratitude in his heart.*

## ACTE II, SCÈNE V

1: Mais… sauvé: *Why, to be sure he saved my life*! Observe the cleverly graded symptoms of Perrichon's growing coolness towards Armand.

2: d'une modestie: *so modest*!

3: Dites donc: see List of Exclamations.

4: enfin: shows that Daniel is alive to Mr. Perrichon's change of feeling towards Armand. Tr., *after all*, or, *as a matter of fact.*

5: gentil: the absurdity of so weak a word in the circumstances makes him repeat it in amazement.

6: Par exemple: see List of Exclamations.

7: ça: for *quant à ça*! = *as for that*!

8: une tasse de thé: Daniel sneers at this handsome reward for saving a life.

9: mauvais pas: the technical name for several «dangerous places» in the Alps.

10: a beau dire: *may say what she pleases.* This idiom should be clearlyunderstood. It always means «to do a thing in vain,» to have «a fine time»doing it, but without achieving any result.—ça ne tient pas à, *it is notthe fault of…* Lit, «It does not depend upon,» «result from.»

11. on s'en retire parfaitement: *it is easy to get out again.* Observe the ingenuity with which Perrichon uses a form that leaves out all reference to help received from others.

12. Je le crois bien: *I should think so*!—ce que ça vaut: *a very fairprice.* Lit., «what it is worth.»

13. Je ne pars pas: Daniel sees the chance he spoke of, see acte I, scène IX.

14. être des nôtres: *join our party.* Note the change from «Armand» to «Mister Desroches.»

15. il paraît: *it appears*, or *I am told.* His own accident is actuallyfading into unreality. In the next sentence he shows the sameunconsciousness.

16. rêver: a poetical word. His affectations reappear: he is feeling better.

## ACTE II, SCÈNE VI

1: article 716 du Code civil: the 716th paragraph of the French Code of Civil Law reads: «Treasure-trove belongs one-half to the finder, and one-half to the owner of the ground on which it is found.»

## ACTE II, SCÈNE VII

1: plus vrai que nature: an expression, not infrequent in French, for which we have no ready equivalent. It means: «He is a truer example (of ideal ingratitude) than nature (usually) affords.» *If that does not beat all!*

2: ne vous gênez pas: *Do as you please.* Lit., «Do not put yourself out (for us).»

3: r, e, re; just as we might say: «S, e, e: see.»

## ACTE II, SCÈNE VIII

1: sortir: *i.e.* from their room.

2: Faîtes-moi servir: observe the great politeness that characterizes the Major throughout. He begs the innkeeper to «have a cherry-brandy served him,» not to bring it himself.

3: tout: before *en* and the present participle, merely emphasizes the fact that the two actions are simultaneous.

4: Vous n'auriez pas: *You do not happen to have?* This idiomatic use of the conditional present implies that a less favorable answer is expected than if the indicative had been used.

5: Aussi: see acte II, scène IV, note 6.

6: Clichy: the Clichy prison in Paris was the place of confinement for insolvent debtors (like the Marshalsea in London) until 1867, when imprisonment for debt was abolished in France.

7: garçon; the Major thinks an unmarried man is likely to lend a more sympathetic ear to his love affairs.

8: Ne vous gênez pas: *Don't mind me!* Cf. acte II, scène VII, note 2.

9: voyez-vous: this, like the colloquial, «don't you know,» is not a real question, and therefore does not require a question-mark.

10: du tout: = *Pas du tout!*

11: pour moi: *on my side.*

# ACTE II, SCÈNE IX

1: la Beauce: one of the old districts of France, between the river Loire and Paris, a very flat and well-to-do, rather than intellectualregion.—Étampes: a small commercial center for grain and vegetable produce, south of Paris.

2: C'est donc... lettres: Armand can be facetious too.

3: souvent... attribue: Mrs. Perrichon first repeats mechanically, then realizes that there is point to Armand's speech.

4: jouer... la comédie du hasard: *keep up this fiction of mere chance.*

5: quel bonheur: *How delightful!* girlish «gush,» but indicative of her real feelings towards Armand.

6: comme tu es coiffée: *How untidy your hair is!*—Tiens-toi droite! *Don't stoop!* Mrs. Perrichon is suddenly alive to her daughter'spersonal appearance; Henriette, who knows nothing of Armand's offer, cannottell why.

# ACTE II, SCÈNE X

1: Le récit de Théramène: a famous piece of classical narrative in Racine's tragedy *Phèdre*, where Théramène relates the death of his master Hippolyte. Similar humor in English would make Perrichon say possibly, «Tocross or not to cross, that was the question!» when Daniel would contributeas an aside: «Hamlet's soliloquy!»

2: crevasses... de glace: the ridiculous rhyme, *crevasse... de glace*, is very funny in the French.

3: monsieur: *this gentleman, i.e.* Daniel.

4: Mon ami: she says this impatiently here because she wants him to get on with his story; lower down, in pure admiration.

5: à la face... à tous: *into the light of the sun, the giver of all life!* The delightful magniloquence of the peroration must be preserved at any cost. *Notre père à tous*, lit., «the father of us all.»

6: c'est juste: *That's so. Juste* here = «correct,» «true.»

7: Quoi donc: *Wrote what?*

8: un dévergondage grammatical: *a piece of grammatical impertinence.*

9: Combien tient-on... voiture: _How many is there room for in your carriage? Tient-on = *sont tenus*, «can be held, seated.»

10: Ah: this is the *Oh!* of indignation = «Fie!»

11: la corde: is here the rope marking the «infield» or «inside track» of a race-course, and therefore = «the better position.» *I knew I should get the inside track again!*

# ACTE TROISIÈME

## SCÈNE PREMIÈRE

1: appartement: *i.e.* door leading to the rest of the flat.

2: Grenoble: a beautiful city in southeastern France, about sixty miles southeast of Lyons, and consequently not much out of the way on the return trip from Chamouny.

3: mettra le pot au feu: *will boil a piece of beef.* Boiled beef is a standard middle-class dish in France. It is very economical, since the boiled meat (*bouilli*) is eaten and the water it has been boiled in (*bouillon*) makes soup.

4: barbue: *brill*, a European flat-fish.—Bien fraîche: *nice and fresh.* Mr. Perrichon's culinary details are characteristic of his *bourgeoisie*: no «gentleman» in France meddles with such things.

5: par exemple: see List of Exclamations. The meaning here is: «I have everything in good shape... but, *for an instance* of a thing I have not got straight, there is this morning's call from a gentleman I do not know, and who did not leave his card.»

# ACTE III, SCÈNE II

1: les Darinel: Note that proper names do aot take the mark of the plural in French. See acte IV, scène III.

2: Ah: This is an exclamation of joy: *Ah!* not the usual «Oh!» Henriette hereby shows her sympathies again, while Perrichon's are evidenced by his comments and silence respectively after the names of each of the young men.

3: Allons donc: as usual means «nonsense.» Tr., *You, sir? No, sir!*... which Mr. Perrichon resents: *What does he mean by «No, sir!» What a fool this idiot is!* Bête repeats the same idea as *animal* comically enough, *bête* meaning an «animal» primarily.

# ACTE III, SCÈNE III

1: Il ne manquerait plus que ça: *I should think not, indeed!* Lit., «There would be lacking nothing but that (for the height of absurdity, etc.).»

2: un petit air pincé: *a little look of conscious superiority. Pincé* because of the «pinched lips» of a person who does not wish to speak what heknows. «Perrichon accuses Armand of betraying in his face an ever presentconsciousness of the service he has rendered although Armand never méntionsit.

## ACTE III, SCÈNE IV

1: Du tout: see acte II, scène VIII, note 10.

2: te voilà éclairée: *Now you know.* Lit., «You are enlightened.»

3: permets, chère amie: *excuse me, my dear.*—abdiquer: *i.e.* forege his paternal rights.

4: mes renseignements: *proper inquiries; mes, i.e.* that it is my duty to make.

## ACTE III, SCÈNE V

1: de garde: see acte I, scène I, note 7.

2: si ce… indiscret: *if I am not in the way.*

3: Ah: *Oh, is it?*—Allons: *Very well then.* He does not care to invite Majorin to a homely dish of stewed veal, so pretends to have understood him to decline.

4: (montre) à répétition: *a repeating watch, i.e.* one that strikes the hour, quarters, and even minutes, when a spring is pressed.

5: cravate: the high «choker» worn by the elderly half a century ago consisted of several folds of silk wrapped round the collar, and in it many small things might readily be concealed.

6: un mouvement: he shook his head while saying no, and in so doing pressed the spring.

7: méchant gabelou: *nasty shark. Gabelou* (from the old salt-tax, *la gabelle*) is now only used as the special insult to custom-house officers.—entendre parler de: *to hear from.*

## ACTE III, SCÈNE VI

1: Allons bien: see List of Exclamations.

2: Toujours: see acte I, scène I, p. note 10.

## ACTE III, SCÈNE VII

1: Second: *Second edition of.*

2: je suis tombé du jury: *I have been drawn for jury-duty. Tomber* frequently expresses the result of lot, chance, or accident.—On nous écrit de Chamouny. Tr., *From, our special correspondent in Chamouny.*

3: Comment… permets: *I should think I would allow it! Si* = «(he asks) if.»

4: les gens de coeur, etc.: *noble hearts in every land.*

5: Trois francs la ligne: the price Daniel had to pay to get this puff into the paper.

6: la corde: see acte II, scène X, note 11.

7: révolutionnaire: during the reign of Napoleon III the daily press was largely opposed to the Emperor, and sought to overthrow him by a revolution. Perrichon disclaims any revolutionary tendencies, but must proclaim his approval of the press in the present circumstances.—la presse a du bon: *ther's much to be said for the papers! du bon,* lit.,«some good qualities.»

8: papier timbré: *official paper.* Government stamped paper has to be used for all legal documents, summons, warrants, etc.

9: agent de la force publique: *public servant.*

10: vu… dressé au: *on complaint lodged with.*—le sieur: technical in France, and not to be translated; lit., «the man,» «one.» Note Majorin's mean behavior throughout this scene: first, he walks away instead of standing by his friend; next, he makes things out as black as he can, emphasizing his pronouncement of the gravity of the case by taking up a position behind the table like a judge on the bench.

11: j'ai été trop vif: *I lost my temper.*

12: Injures qualifiées: *specific abuse;* lit., abuse legally qualified to be used as ground for prosecution.

13: le banc de l'infamie: a stock phrase in French for the «prisoners' dock.»

14: C'est bien fait: *Serves him right!* In the next sentence English idiom would omit the negation.

15: Daniel: observe this delightful slip of the tongue. Perrichon has Daniel on the brain. Cf. the slip he makes in the last words of the play.

16: je tombe sur un terre-neuve: *I strike a regular Newfoundland dog* (for rescuing people).

17: en ville: *out.* Majorin tells this lie to «save his face» after Perrichon's withdrawn invitation to dinner (see acte III, scène V.)

18: c'est-à-dire que: *I say that.*

19: je te retrouve: *now you are yourself again*! Lit., «I find you again (as I have always known you).»

20: l'envoi... part: *till the wedding cards are out.* French people mail notices of weddings, deaths, and even births to all their friends. Such notices are called *billets de faire-part*, or «cards of notification.»

## ACTE III, SCÈNE VIII

1: mes actions baissent: a stock-exchange metaphor.

2: ça me... peine: *I hate to do it. Peine* is never physical pain.

3: Nous y voilà: *Now we're in for it*, or *Now it's coming*!

4: on a beau dire: acte II, scène V, note 10.

5: brûle le pavé: a stock phrase for «driving furiously,» striking sparks from the paving-stones: *is dashing round the city.*

6: Aussi: see acte II, scène IV, note 6.

7: Musée de Versailles: there is, in the famous palace of Versailles (a town some fifteen miles southwest of Paris), a celebrated gallery of historical paintings and portraits.—L'exposition: the annual Paris Salon, or exhibition of paintings.

8: Adieu: *Farewell*; very different from *au revoir.*

9: Allons donc: see List of Exclamations.

## ACTE III, SCÈNE IX

1: Qu'est-ce que c'est que ça: this redundant expression implies surprise: *What on earth have we here?*—ça: again contemptuous. Perrichon does not know the man, and is unfavorably impressed by a name which is, as a matter of fact, more frequently found among the peasantry than in the upper classes in France, and which is more closely connected with the gospels than with the army.

2: plus que vive: *which could hardly be called complimentary.* Lit., «more than sharp.»

3: un peu cruelle: because she gets people into trouble; *exacting.*

4: Loin de moi cette pensée: a very dignified phrase: *Perish the thought!*

5: ce n'est pas malheureux: *and a good thing, too*! Cf. acte I, scène VIII, note 2.

6: Mathieu: for the inference from the name, see acte III, scène IX.

7: moustaches: Napoleon III set the fashion, compulsory in the army, of wearing no other hair on the face than a mustache and a small chin tuft called *impériale*. Of course, an army man might wear none at all, but such a thing was unusual.

8: la Malmaison: a village and pretty park, close to and southwest of Paris.

9: des meubles: this implies that the Major has made it up with Anita, and is about to set up housekeeping.—J'ai bien l'honneur (*de vous saluer*): a courteous formula of leave-taking: *I beg to bid you.*

## ACTE III, SCÈNE X

1: raide en affaires: *mighty peremptory.* Lit., «stiff, unbending in your dealings.»

2: à la cheminée: before electric bells came into general use, there was in most parlors a bell-rope hanging on each side of the fireplace, one ringing upstairs, the other ringing in the kitchen.

3: un zouave: the *zouaves* were originally a troop of natives from the French colony of Algeria, who speedily got a name for fearlessness. The modern zouaves are Frenchmen, but still enjoy the same reputation as dare-devils and fire-eaters. Hence Perrichon's exclamation, semi-humorous because he does not yet fully realize his perilous position.

4: un notaire gradé: *a lawyer with a commission in the National Guard.* A *notaire* is, by profession, the very opposite of a military man. In the National Guard (for which see acte I, scène I, note 7, 14.) many acivilian would have a «rank,» or *grade.*

5: vous comprenez: that I may be killed and must leave all my papers in order.

## ACTE III, SCÈNE XI

1: c'est qu'il a... beau père: *Isn't father-in-law plucky, though! C'est que* introduces a reason for something that must be supplied. Here:«(All this is) because he,» «the fact is that.»—de son côté = *and on the other hand.*

2: au fait: *after all;* lit., «coming down to facts.»

3: à point nommé: always = *in the nick of time,* never «at the appointed place.»

## ACTE III, SCÈNE XII

1: il suffit... d'heure: supply: for a great misfortune.

2: porte du garde: *i.e.* at the park gate where the keeper's lodge stands, there being other entrances to the park.

3: Veuillez agréer: the first words of the most usual conclusion to a letter in French: *Veuilles agréer mes salutations empressées.* Tr., *Yours, etc.*

4: Il écrit: on the envelope. Such phrases as «Immediate,» «Important,» etc., are frequently written on the outside of envelopes in Europe.

## ACTE III, SCÈNE XIII

1: comme le bronze: the usual simile with *calme* in such contexts. Use an equivalent: «Bold as brass.»

2: le terrain: the stock phrase for any place where a duel is fought. Tr., *on the field of honor.* This lets the secret out, at which Daniel uttersan exclamation of pain, since the ladies were not to be told.

3: faire prévenir: *send word to.* Lit., «get somebody to notify.»

## ACTE QUATRIÈME

### SCÈNE PREMIÈRE

1: practicable: the term «practicable» is technical in English stage parlance for any part of the scenery that is real enough to be used, A «practicable» door or window can be opened and shut, etc. Here the wing of the house can be entered.

2: si vous voulez: for the rest of this sentence see Daniel's last speech in the next scene.

## ACTE IV, SCÈNE II

1: avec quoi: the same play on words is possible in both languages: *And what with?* Contrast Mme Perrichon's question, acte III, scène XIII.

2: On leur… témoins: *Witnesses get into trouble with the law.*

3: Encore un (*ingrat*): Perrichon of course is the first.

## ACTE VI, SCÈNE III

1: Ce sont… renvoient: *They are actually turning him out of the house.*

## ACTE VI, SCÈNE IV

1: très actif: *a hustler.*

2: mettait: for *aurait mis.* See acte II, scène III.—Mettre la main dessus: a familiar expression for «pounce down upon.»

3: Qui ça: *Thank whom? Qui* is accusative. *Ça* merely adds emphasis to the question. See acte IV, scène X.

4: c'est que: see acte III, scène XII. Here: «(I hardly think so) because…» Tr., *I'm afraid…*

# ACTE VI, SCÈNE V

1: après: *what of it?*

2: plus les frais: when as here the mathematical *plus* is used, the final «s» is always sounded.

3: Je me plais à l'espérer: *I should hope so, sir!* Lit., «I fondly hope so.»

4: ils: the police of course.—M. Perrichon suddenly realizes that the police are not likely to be on hand two hours later than the appointedtime. Hence his immediate change of attitude.

5: Qu'avez-vous donc: this idiom, meaning of course «What is the matter?» must be so translated as to lead up to Perrichon's reply: *What is it?—It is… it is… it is a noble thing, to my mind, toacknowledge*, etc.

6: N'envenimez pas: *Don't make matters worse!*

7: de bonne grâce: *of your own free will;* lit., «with a goodgrace.»—échappées à votre improvisation: *which fell from your unguardedpen;* lit., «which escaped you while you were writing extempore,» withoutcareful consideration.

8: maintenant c'est la France: the ancient Duchy of Savoy had just (in 1860) been ceded to Napoleon III by the King of Italy, Victor Emmanuel, in acknowledgment of help received. Perrichon responds with a cheer in the words of his bombastic farewell of the first act: any thing for a diversion. Jean makes a jokes to which there is some depth: it *seems* less far away if it is within the borders of your own country. Alaska seems nearer now than it did when belonging to Russia.

9: je me recommande à vous: *I trust you will bear me in mind.*

10: je te donne ton compte: *I discharge you.* His *compte, i.e.* «account,»«wages,» will be settled before he goes.

# ACTE IV, SCÈNE VI

1: à la fin: our *anyhow*.

2: c'est… envahissez: *it is intrusion, positive invasion*!—On ne me domine pas! *No, sir! You don't lord it over me, sir*!

## ACTE IV, SCÈNE VIII

1: l'heure de la philosophie: *i.e.* the time to show that superiority to fortune's caprices which is given by philosophy, or the study of wisdom.

2: passion malheureuse: the regular phrase for an «unrequited attachment.»

3: j'ai vécu plus que vous: *I have seen more of life than you have.*—unmonde plus avancé: *a more wide-awake crowd.*

4: gens d'esprit: *clever people*, the opposite of *imbéciles*.

5: Vous voyez bien: supply: «that you do yourself what you blame me for doing.»

6: votre obligé: *your debtor*; lit., «he is under an obligation to you.»

7: un aimable philosophe: doubtless of the author's private acquaintance, as no such epigram is on record elsewhere.

8: Aussi: see acte II, scène IV, note 6.

9: il lui pousse des plumes de paon, etc.: *a crop of peacock's feathers sprouts from his coat-tails.*

10: gardez-moi le secret: *don't give me away.*

11: du haut… protège: a humorous parody of Napoleon I's famous address to his troops in Egypt: *Du haut de ces pyramides quarante sièclesvous contemplent*!

## ACTE IV, SCÈNE IX

1: Attrape: *Stung*! Lit., «Take that!» addressed to himself. *Attrape*! is used as an exclamation accompanying a cuff, a kick, etc. Daniel means that this speech is «a slap for him.»

2: Je vous en prie: *Please don't.*

## ACTE VI, SCÈNE X

1: J'ai gardé la voiture de monsieur. Observe Majorin's meanness to the end, and his lame excuse for driving about at Daniel's expense.

2: comme ça: *i.e.* unable to «bear the burden» of gratitude.

3: le numéro, etc.: a Paris cabman delivers to his fare a paper (*carte*) on which are printed the number of the cab and a tariff of prices. He is engaged either *à la course, i.e.* at one fare (generally thirty cents) between any two points within the city limits, or *à l'heure, i.e.* by the hour at a rate of generally forty cents for the first hour, and so much for each additional quarter of an hour.

4: vous n'y pensez pas: *that's out of the question!*—Et = «And (what about)…»

5: commandant… commandé: a slip of the tongue showing that Perrichon has the Major «on the brain.» Cf. acte III, scène VII. Try to devise some equivalent pleasantry in English.

# EXERCISES FOR COMPOSITION

## I

### ACT I, SCENE I

1. There are many railroad stations in Paris. 2. They are like[1] the railroad stations in America. 3. There are time-tables, ticket-windows, seats, and bookstalls. 4. An official stands[2] at the waiting-room door and asks to see the passengers' tickets. 5. Another[3] official is near the ticket-window to assist[4] the passengers who are purchasing[5] their tickets before the departure of the express trains. 6. The officials of the great companies are very polite when people[6] are polite to[7] them.

[1: ressembler à.] [2: se tenir.] [3: un autre.] [4: aider.] [5: prendre.] [6: on, followed by the singular.] [7: envers.]

## II

### ACT I, SCENE I

1. Majorin thinks[1] himself one of those hard-working, clever clerks who are always at their desks. 2. But he asks for a day off when he pleases[2], and says that he is summoned for guard duty, which[3] is not true[4]. 3. He speaks like[5] a boor of his friend Perrichon, and yet[6] he is going to ask him to lend him some money[7]. 4. Clerks in offices in France often[8] look down upon[9] tradesmen[10], even[11] when the tradesmen have incomes of several[12] thousand francs.

[1: croire.] [2: vouloir.] [3: ce qui.] [4: vrai.] [5: comme.] [6: pourtant.] [7: argent, m.] [8: souvent.] [9: mépriser.] [10: commerçant.] [11: même.] [12: plusieurs.]

## III

### ACT I, SCENE II

1. A family[1] arrives at the station in a cab. 2. They[2] call aporter, who comes with a truck for the baggage. 3. Then[3] a heap[4] of overcoats, umbrellas, and handbags are taken out[5] of the cab, and the father goes to the ticket-window to buy the tickets. 4. They are generally[6] ahead of time, but they have hurried[7] and are hot. 5. Perhaps[8] they have not had time to[9] finish their lunch, and the French do not like to miss their half-cup[10]

of coffee after their meals[11]. 6. When the tickets have been purchased, the baggage can be checked.

[1: famille, f.] [2: Use on here and wherever possible instead of the passive voice.] [3: alors.] [4: tas, m.] [5: tirer.] [6: généralement.] [7: se presser.] [8: peut-être, and put subject-pronoun immediately after the verb.] [9: le temps de.] [10: demi-tasse, f.] [11: repas, m.]

# IV

## ACT I, SCENES III AND IV

1. If a trunk is small, the porter can carry it on his shoulder[1] and follow his «boss» to the ticket-office and baggage-room. 2. Then the trunk is sure[2] not to get lost[3] and the passenger not to make amistake. 3. If he is going to Marseilles, his trunk will not go to Nice, which[4] is the main thing when you travel with baggage. 4. If you do nottake a good deal of trouble you must[5] thank your lucky stars if your trunks go[6] with you. 5. But then, you must[7] always take trouble or you will do nothing well[8]. 6. There are twenty wards in Paris, and each one[9] has its town-hall where balls are given[10] occasionally[11].

[1: épaule, f.] [2: sûr de.] [3: se perdre.] [4: ce qui.] [5: vous devrez.] [6: partir.] [7: il faut.] [8: rien de bon.] [9: chacun.] [10: Use the reflexive form.] [11: de temps à autre.]

# V

## ACT I, SCENE V

1. Those who hurry and run are soon[1] in a perspiration. 2. When the ticket-office is not open, passengers sit down and wait. 3. All right! I will see to the tickets first and the baggage afterwards. 4. Why! There's my old friend Majorin! 5. These friends are very kind to come and see us off[2]. 6. There she is at last! 7. Come, don't hurry so[3]. 8. See, there are some seats over there: if you will kindly[4] wipe one of them, I will sit down.

[1: bientôt.] [2: Tr. «not to let us leave without bidding us good-by.»] [3: tant.] [4: vouloir bien.]

# VI

## ACT I, SCENE VI

1. It takes money to change houses. 2. You are thrifty and I shall be very glad[l] to advance you your quarter's salary. 3. You have several shares in a steamboat company, but do not give me the certificates as security. 4. I am no usurer and will only charge you two per cent per annum; that will not kill you. 5. «You will get your dividend next month and can repay me then what you owe me.» 6. «Nonsense! That is too generous[2].» 7. «No. I am not grasping and I trust you.» 8. «Very well, then, shall repay you soon[3] the money I owe you. Thank you. Good-by!» 9. This little business having been settled, he goes to take his place among[4] the passengers who are lined up at the ticket-window.

[1: heureux.] [2: généreux.] [3: bientôt.] [4: parmi.]

# VII

### ACT I, SCENE VII

1. «When you are[1] in Lyons, shall I write to you at the Post Office?» 2. «Of course! But I shall be back soon.» 3. «If you think you will be back within a week, you might as well not go away at all.» 4. «That will do! I am going to-night. Let me know about[2] my mother's health.» 5. There is a man who is running off with my valise. 6. What a business it is[3] to travel! 7. «Where is my panama?» «I don't know!» «Oh, here it is!» 8. I was sorry to hear that you had not made it up with your old friend. 9. I find it is expensive to patch up quarrels.

[1: Use the future.] [2: Tr. «Give me news of.»] [3: Omit «it is» and insert que.]

# VIII

### ACT I, SCENE VIII

1. In France, when you check your baggage, they give you a paper[1] slip. 2. A bell rings[2] when the train is about to[3] start. 3. Thrifty people[4] put down[5] their traveling expenses in a note-book. 4. Those who forget where they have put their things[6] often scold others[7]. 5. «What is the proper tip for a porter?» «We might give him four cents, but let us make it ten cents.» 6. «I must have left my valise in the waiting-room. I will go after[8] it. 7. At last I have found it.» «It is time you had!» 8. When the bell rings, passengers run up, are stopped by the man at the waiting-room door who wants to see their tickets, and pass in.

[1: papier, m.] [2: sonner.] [3: aller.] [4: gens, pl.] [5: Tr.«write».] [6: affaire, f.] [7: les autres.] [8: aller chercher.]

# IX

## ACT I, SCENE IX

1. Two young men[1] have just taken their tickets. 2. One bumps into the other and exclaims[2], «Hello, Daniel!» «Hello, Armand!» exclaims the other, «you should[3] look out!» «You were not paying attention yourself!» 3. But they do not scold one another long. 4. They discover[4] that they are about to[5] travel together. 5. They are in attendance upon a charming young lady whom they both of them love and wish to marry. 6. As they cannot both marry her, they decide then and there[6], on the step of the railroad car, to go on merrily with their trip and in friendly competition to try to win her affection each one for himself.

[1: gens.] [2: s'écrier.] [3: Il faut.] [4: découvrir.] [5: aller.] [6: séance tenante.]

# X

## Act II, SCENE I

1. The French like to take coffee after lunch and dinner. 2. There are several inns at Montanvert in Switzerland. 3. From this window you can see a snow-covered mountain. 4. Will you have an omelet, ladies? 5. Standing by the open fireplace were several travelers, and among[1] them a young nobleman who had just[2] come in followed by two guides. 6. A war to the death is sometimes a loyal struggle. 7. It is greedy to eat too many chocolate wafers. 8. Why can't you sit still? 9. The spring of a railroad-car window-shade often gets out of order[3]. 10. The travels of leisured people may last a long time.

[1: parmi.] [2: venir de.] [3: Use reflexive form.]

# XI

## ACT II, SCENE III

1. A traveler in Switzerland went up[1] to Montanvert on horseback. 2. He rode a shying horse which reared when he touched it with his spurs. 3. The rider took[2] a bad tumble and came near losing his life. 4. Fortunately[3] a young man who was there leapt forward and saved the poor traveler. 5. With water, vinegar, and smelling-salts he was soon brought round[4]. 6. When he had drunk some sugar and water, he was able to add his thanks to those of his sobbing[5] wife and daughter. 7. He shook his savior's hand vigorously, and ordered the horse to be led down to Chamouny. 8. The whole family

drove back aftere resting[7] a short time. 9. The lesson[8] of this story is that poor riders should not wear spurs.

[1: monter.] [2: faire.] [3: Heureusement.] [4: Use reflexive form.] [5: Tr. «who were sobbing.»] [6: après and infinitive.] [7: Tr. «having rested themselves.»] [8: morale, f.]

# XII

## ACT II, SCENE IV

1. «You have some[1] chance of success; I have none, so I am going away.» «Nonsense!» 2. «I am in dead earnest. It can't be helped! You have all the luck. I give way to you.» 3. «Do you really think that you have lost Henrietta?' 4. «I withdraw because I think so[2]: I am not making you any sacrifice at all.» 5. «Then may I ask a favor of you?» «Why, certainly.» 6. «Go to her father and tell him that I wish to marry his daughter. I shall owe[3] you such[4] gratitude!» 7. «My! but that is a queer request to make! Anyhow, don't worry! Being a nice little rival, I will do as you say[5]. 8. Your rival wishes you better[6] luck than he has[7] had himself[8].»

[1: quelque.] [2: le.] [3: avoir.] [4: Tr. «so much.»] [5: Tr. «what you ask.»] [6: Tr. «more.'] [7: Insert ne (without pas).] [8: lui-même.]

# XIII

## ACT II, SCENE V

1. The Mer de Glace is full[1] of holes, crevasses, and dangerous places. 2. «You may say what you please, I had not lost my presence of mind.» «You don't say?» 3. Do not take an aversion to anybody[2]. 4. Here, take this book and write something pretty in it. 5. I have just put on my overshoes to go for a walk[3] on the ice. 6. As I was rolling down, I spied a little tree, which I caught hold of. 7. I was fished up by an innkeeper whom I gave two hundred francs to: a fair price. 8. Gratitude is due[4] to those who have done you a service. 9. «Say, will you join us?» «Thank you. Our guide is outside. I hope to see you again later[5].10. It will be very nice to drink a cap of tea together[6] next winter.»

[1: plein.] [2: personne.] [3: me promener.] [4: se doit.] [5: plus tard.] [6: ensemble.]

# XIV

## ACT II, SCENES VI AND VII

1. When you go[1] to Switzerland, don't forget your overshoes and alpenstocks. 2. Never mind me! Go alone. I will stay here. 3. He who takes the shortest[2] road does not always get there first. 4. When you have finished writing, always[3] take care not to shut[4] the book while the ink is wet. 5. We will carry out the contest as we have pledged ourselves to do[5]. 6. «I mean to beg leave to go with you.» «That's right! Off we go!» 7. I have changed my mind for weighty reasons. 8. Success[6] belongs to those who believe they will succeed. 9. The road you are following is not the highway[7], but I think you will succeed none the less for that. 10. When Daniel has finished speaking, he goes back.

[1: Use future.] [2: le plus court (put after the noun).] [3: toujours.] [4: fermer.] [5: le (lit., «it»).] [6: Succès, m.] [7: Tr. «everybody's road.»]

# XV

## ACT II, SCENE VIII

1. While Armand is waiting for the ladies, the voice[1] of the major is[2] heard off the stage. 2. He enters, sits down, and catching sight of the visitors' book, reads what Mr. Perrichon has written in it. 3. After which[3] he makes acquaintance with Armand and tells him his story. 4. He has imprudently issued a promissory note, and a warrant is out for his arrest. 5. But he very much wants to be put in prison, and, having the law on his side, earnestly begs Armand to set the law in motion on his return to Paris. 6. The major is in love, which is ridiculous at his time of life. 7. He wants to be locked up; he has not yet tried this form of cure. 8. Armand promises to do him this service, since he insists upon it.

[1: voix, f.] [2: Tr. «makes itself.»] [3: quoi.]

# XVI

## ACT II, SCENE IX

1. A gentleman always asks leave to place himself at a lady's orders. 2. Do stand erect, boy! That's right! 3. When you hear that we have gone to Switzerland, start too[1], and follow us step by step. 4. What a charming man is[2] your cousin! 5. The greatest respect is due to young ladies. 6. Hello! You here! We were talking about you, weren't we? 7. We may[3] not ascribe to other people intentions of which they are guiltless. 8. «I understand you very

well, although[4] I am deaf.» 9. «That's why you do not always answer when spoken to, isn't it?» 10. We shall meet again somewhere, shan't we?

[1: aussi.] [2: Omit and insert que.] [3: devoir.] [4: quoique followed by the subjunctive.]

# XVII

## ACT II, SCENE X

1. The sight of these bottomless pits makes you shudder. 2. How many is there room for in a French railroad carriage? 3. If it pours, I shall put on my waterproof. 4. What[1] would life be without its tender emotions? 5. Miss Perrichon had several offers of marriage. 6. I cannot ride on the coach-box when it rains hard. 7. There was a landslide here this morning. 8. You have got the inside track, haven't you? 9. An offer of marriage often excites the mother as much as the daughter.10. But for you I should never have had the pleasure of saving myfellow-man. 11. Will you take a seat in my carriage? 12. When the sun is bright[2] it is better to be on the box than inside.

[1: que.] [2: beau, tr. «By a bright sun.»]

# XVIII

## ACT III, SCENES I AND II

1. When the master and mistress come home, the cook gets dinner ready. 2. The man[1] puts up the curtains, sweeps the rooms, dusts thefurniture, the tables, armchairs, and sofas. 3. «There's the bell! It isthey!» «Nonsense, it is not yet twelve.» «Yes[2], it is they. I know master's ring.» 4. What a lot of bandboxes and valises they have! 5. When we get home again after a trip, we find on the table all the letters, visiting-cards, and newspapers that have come for us while we were away. 6. People do not return stouter when they have not had a pleasant trip. 7. «May I relieve you of your parcels?»—«Why, certainly!» 8. We owe him a call: he came every day to inquire when we should be back, and is to call again to-day.

[1: domestique; m.] [2: Si.]

# XIX

## ACT III, SCENE III

1. We may well feel proud when we have risked our lives to save that of our fellow-man. 2. I bear you no malice, only[1] you change your mind too often. 3. The mark of true courage is modesty and silence, 4. A gentleman never takes advantage of the services he may[2] have done a friend. 5. «Do make up your mind!»—«Must I give Henrietta's young man an answer?» 6. «Why, unless you have anything against him, there is no reason why you should not do so.» 7. «All right then, I will speak to him. But do not always harp on the same thing; it gets to be tiresome.» 8. «We cannot give our daughter to that brute.»—«I should think not indeed!» 9. I like this young fellow; I do not like that one.

[1: seulement.] [2: pouvoir.]

# XX

## ACT III, SCENES IV AND V

1. In America, when young ladies are old enough to marry they are absolutely free to choose. 2. A repeating-watch strikes when you press[1] a little spring[2]. 3. Boiled beef and stewed veal are French dishes[3]. 4. I wish to state the fact that I have paid the duty on the watches I brought from Geneva. 5. Without wishing to thwart you, my dear, allow me to say that I must investigate; then we shall know and shall be able to select for her. 6. Majorin has just come in; he has heard that his friends have returned, and has asked for a day off. 7. Travelers sometimes have awful scenes with customs officers. 8. Those who do not pay the custom-house duties are often caught and the goods[4] are seized. 9. It is two o'clock[5] by[6] my watch.

[1: pousser.] [2: ressort, m.] [3: plat, m.] [4: objet, m.] [5: heures.] [6: à.]

# XXI

## ACT III, SCENE VII

1. A slip often has deplorable consequences. 2. We have bought two copies of the same[1] paper. 3. What is the meaning of this official paper? 4. A high officer of the custom-house is one of my witnesses. 5. I shall be grateful to you for withdrawing that charge. 6. I believe you are intimate with the janitor. 7. You have saved my life at the imminent risk of your own. 8. The heroes[2] of this scene escaped from the congratulations of the crowd which had run out to meet them. 9. «He was condemned[3] to imprisonment for a week for losing his temper.»—«Of course! and serves him right!» 10. Revolutionists often find themselves in the prisoners' dock. 11. Most[4] prominent business men are fathers of families.

[1: même.] [2: héros, m.] [3: condamner.] [4: La plupart, followed by genitive of definite article.]

# XXII

## ACT III, SCENE VIII

1. I hate to make that unpleasant announcement, but it has got to be done. 2. Have you touched up the article[1] you wrote for my paper? 3. It takes[2] many sittings for a good picture. 4. Heroic scenes in history have been recorded on canvas by illustrious painters. 5. Newfoundland dogs often save travelers' lives. 6. «You have saved me from jail, I owe you my honor; so how could I have a grudge against you?»—«That's right! you are yourself again.» 7. Mr. Perrichon will not mind sitting for his picture. 8. We will put a little advertisement in the catalogue. 9. There are many magnificent canvases in this year's exhibition. 10. «I am going away.»—«Why so?»—«To stay would be painful to me.»—«There now! When I am so fond of you!»—«We are never to meet again.»—«No! You shall stay!»—«Well, I will[3].»

[1: Supply «which.»] [2: Il faut.] [3: Supply «stay.»]

# XXIII

## ACT III, SCENE IX

1. When we took a trip abroad two years ago we met a very dear fellow-countrywoman of ours, a perfect lady. 2. To succeed you must be persistent. 3. Do not leave your things[1] lying about on the furniture. 4. «What *can* that be?»—«A mistake in spelling.»—«Not at all!» 5. You have shown your mettle: you cannot back down. 6. Did that carriage splash mud on your gown? 7. Two weeks ago I had an appointment with you to go to the upholsterer's. 8. The major comes very politely to ask a question of Mr. Perrichon, who does not allow himself to be intimidated[2]. 9. People come to the point when they wish to cut matters short. 10. «I merely ask whether you take back the offensive entry you made in the visitors' book.»—«I do[3].»—«That's a good thing!»

[1: affaire, f.] [2: Use infinitive active.] [3: Supply «take back.»]

# XXIV

## ACT III, SCENES X AND XI

1. Lawyers are generally[1] more polite than majors. 2. When Mr. Perrichon has found the solution he is looking for, he shows lots of pluck. 3. The major is a tough customer. 4. When strikes the hour for the duel[2], the combatants[3] will not flinch. 5. It is my business to pick holes in your spelling. 6. If a patrol turns up in the nick of time, the duel will be prevented[4]. 7. When two men are going to fight a[5] duel, they put their papers in order. 8. John, why did you let that man in?"—«What was I to do? I took him for a traveling acquaintance[6] of yours.» 9. A business man with a commission in the militia is not a real soldier. I0. «Here is a visiting card.»—«Gee!» —«What is the matter?»—«We're in a pretty mess! the question is how to get out of it.»

[1: d'ordinaire.] [2: duel, m.] [3: combattant, m.] [4: empêcher.] [5: en.] [6: See Act III, Sc. VI.]

# XXV

## ACT III, SCENES XII AND XIII

1. Mr. Perrichon is to[1] fight a[2] duel with a retired major in thesecond regiment of Zouaves. 2. He is a civilian, a business man, a family man, and his wife won't have[3] him go on the field. 3. So she thinks it her duty to notify the police. 4. It behooves her conjugal affection[4] to prevent[5] a couple of madmen from crossing swords. 5. Although[6] her husband says he is as cool as can be[7], she sends an urgent note to the chief of police. 6. Breakfast is ready: let's sit down! 7. When a man is afraid, he has a very long face. 8. He did not want to tell you that he had an errand to do; he let it out accidentally. 9. Have you received any concert tickets from your music teacher? It is his benefit, and if you are not engaged all day, you had better[8] go.

[1: devoir.] [2: See Ex. XXIV, note 5.] [3: Tr. «does not wish that» followed by subjunctive.] [4: affection conjugale.] [5: See Ex. XXIV, note 4.] [6: Quoique and subjunctive.] [7: Tr.«as bronze.»] [8: Tr.«you will do well to.» Supply «there» with «go.»]

# XXVI

## ACT IV, SCENES I AND II

1. We are going to fight with the swords I have here under my cloak. 2. I will not be one of your seconds; I should get into trouble with the law. 3. When a sword breaks, the combatant is in a fix, and the whole thing is spoilt. 4. «You sent me a note last night, here I am. What is it?» 5. «I am going on the

field with a major.»—«You! nonsense!»—«What do you mean by[1] nonsense!» 6. When is this duel to come off?»—«We meet to-day at two o'clock and you must be my second.»—«Excuse me, I cannot. It is as much as my place is worth.» 7. Those[2] whom we have obliged may be asked to help us in the crises of our lives. 8. When you have paid him back all you owe him, you and he[3] will be quits.

[1: See Act III, Sc. III.] [2: Turn into the active.] [3: Insert another «you.»]

# XXVII

## ACT IV, SCENES III AND IV

1. Although[1] her father is going to fight a duel and to risk his life, Henrietta sings, waters her flowers, makes a nosegay of dahlias, and finally[2] turns him out of the house. 2. The reason is[3] that she has notified not only[4] the chief of police, but also[5] her best friend, Mr. Armand, who will prevent[6] the duel from coming off. 3. So she tells her father to make haste and to try to be back by dinner-time. 4. It is agreeable to be rid of a hustling rival. 5. When a man has nicely laid his little plans, he hates to see them interfered with[7]. 6. It is a quarter to one; the pay-window must[8] be open and you can get your dividend. 7. This is a good opportunity; give your decision.

[1: See Ex. XXV, note 6.] [2: enfin.] [3: C'est que.] [4: non seulement.] [5: mais encore.] [6: See Ex. XXIV, note 4.] [7: déranger, leave in infinitive active.] [8: devoir.]

# XXVIII

## ACT IV, SCENE V

1. Why do you not motion him to leave the room? 2. I have discharged my man; he is packing up. 3. The words you wrote are spread out in full, right in the middle of a page in the visitors' book. 4. You are too plucky to climb down. 5. They have had nothing to do with this incident. 6. I have always looked my adversaries in the eye. 7. When you have offended anybody, it is magnanimous to acknowledge yourself in the wrong. 8. I am very sorry to have left[1] those ill-natured lines where they may be read by everybody. 9. Go and[2] erase them of your own accord, instead of making matters worse. 10. Exit major, saying that he bids them good day. 11. May I make bold[3] to ask you to bear me in mind if ever you want a man-servant?

[1: laisser.] [2: Tr.«to.»] [3: Tr. «Shall I dare.»]

# XXIX

## ACT IV, SCENES VI AND VII

1. If you write a few words to the chief of police, the matter[1] will be dropped. 2. There is nothing to be delighted[2] about when one has had to[3] apologize. 3. A reward of two hundred francs is not enough for saving a man's life. 4. Henrietta is as kindly disposed towards you as her mother. 5. A gentleman[4] does not thrust himself into other people's lives. 6. «It cannot be denied; I irritate him.»—«Well, I declare!» 7. Well-bred young ladies in France share their parents' feelings. 8. I will not go so far as to say that I am positive of his utter dislike; I have not yet had a talk with him. 9. I cannot stay here any longer[6]; what is the use? I had better bid you good-by. 10. I was much[7] hurt when he reproached me with[8] intruding.

[1: affaire, f.] [2: enchanté.] [3: devoir.] [4: galant homme.] [5: les autres.] [6: plus.] [7: vivement.] [8: de.]

# XXX

## ACT IV, SCENE VIII

1. Make sure you have got hold of your victim before you give him a chance to cool off. 2. Give me time[1] to collect my thoughts and I will let you know my answer. 3. People wear soft shoes when they go into a powder-magazine. 4. There was a grand final display to those fireworks. 5. Mark my words: Gratitude is a crushing burden for fools, and even[2] for many clever folk. 6. I am not developing a paradox; I am only giving you a piece of sound advice. 7. You would be making a mistake to take any other course. 8. I have made blunder after blunder; but do not give me away. 9. I took a tumble, not on purpose at all, which[3] humbled my pride. 10. His first exploit was a masterpiece.

[1: Tr.«the time.»] [2: même.] [3: ce qui.]

# XXXI

## ACT IV, SCENES IX AND X

1. Listening[1] is the best way[2] to hear. 2. «You will not shake hands with me now, will you?»—«Well, I declare! Why not?» 3. Bring me my money later; there is no hurry about it. 4. I am going back to Switzerland accompanied by Henrietta and her mother. 5. Eaves-dropping[1] is a bad habit. 6. We love the places where we have been happy. 7. Shall you be at home to-night? I may

come and drink a cup of tea with you, may I not? 8. Henrietta cannot guess why her father wishes to revisit the Mer de Glace when they have just come back from the place. 9. Those who speak lower are better liked. 10. Mr. Perrichon means to say *commandé*; but he is thinking of[3] the major and makes a mistake in[4] the ending[5].

[1: Use the infinitive.] [2: moyen, m.] [3: penser à.] [4: se tromper de (omitting article).] [5: finale, f.]

# QUESTIONS FOR CONVERSATION

NOTE.—The answers, whether spoken or written, should contain as many as possible of the words and idioms of the question. A simple «yes» or «no» should never be accepted, and the subject should always be repeated in full, not referred to by a pronoun.

## I

### ACT I, SCENE I

1. Où se passe le premier acte du *Voyage de M. Perrichon*? 2. Que voit-on dans une gare française? 3. Où prend-on ses billets? 4. Qui voit-on sur la scène au lever du rideau[1]? 5. Quelle est la profession de Majorin? 6. Que vient-il faire à la gare? 7. Pourquoi parle-t-il de M. Perrichon avec amertume? 8. Pourquoi vient-il voir M. Perrichon? 9. A qui s'adresse-t-il pour savoir l'heure de départ du train? 10. Comment l'employé lui répond-il?

[1: Literally, «at the raising of the curtain.»]

## II

### ACT I, SCENE II

1. De qui M. Perrichon est-il accompagné? 2. Pourquoi veut-il que sa famille ne le quitte pas? 3. Pourquoi est-il inquiet? 4. Que croit-il avoir laissé dans le fiacre? 5. Où retrouve-t-il son chapeau? 6. Pourquoi Mme Perrichon est-elle de mauvaise humeur[1]? 7. Pourquoi n'ont-ils pas fait ce voyage il y a deux ans? 8. Qu' est-ce que M. Perrichon donne à sa fille? 9. Pourquoi M. Perrichon donne-t-il un carnet a sa fille? 10. Combien de colis[2] M. Perrichon a-t-il?

[1: Cross.] [2: Pieces of baggage.]

## III

### ACT I, SCENES III AND IV

1. Qui entre en scène? 2. Mlle Perrichon connaît-elle Daniel? 3. Où l'a-t-elle rencontré? 4. Que demande Daniel à Mme Perrichon? 5. Quelle réponse obtient-il? 6. Pourquoi Daniel fait-il ces questions? 7. Pourquoi sort-il? 8. Que pense Mme Perrichon de Daniel? 9. Qu'est-ce qu'Armand porte à la main? 10. Quelles questions fait-il à Mme Perrichon?

# IV

## ACT I, SCENE V

1. Mme Perrichon est-elle fatiguée? 2. Comment Majorin n'est-il pas à son bureau? 3. La réponse de Majorin est-elle sincère? 4. De quoi s'occupe M. Perrichon? 5. Que lui a-t-on dit aux bagages? 6. Pourquoi M. Perrichon s'essuie-t-il le front? 7. Pourquoi Mme Perrichon reste-t-elle debout? 8. Que pense-t-elle de ce voyage? 9. Quelle raison M. Perrichon donne-t-il de la mauvaise humeur de sa femme? 10. A quelle condition consent-elle à aller s'asseoir?

# V

## ACT I, SCENE VI

1. Pourquoi Majorin dit-il qu'il est venu? 2. Que veut-il que M. Perrichon lui avance? 3. Pourquoi désire-t-il que M. Perrichon lui avance cette somme? 4. Quand Majorin doit-il toucher son dividende? 5. Quelle garantie offre-t-il à M. Perrichon? 6. Pourquoi M. Perrichon hésite-t-il à avancer l'argent? 7. Que fera Majorin si M. Perrichon ne le lui avance pas? 8. Quelle recommandation M. Perrichon fait-il à Majorin en le lui avançant? 9. Que dit Majorin de Mme Perrichon? 10. Quelle impolitesse Majorin commet-il en s'en allant?

# VI

## ACT I, SCENE. VII

1. Avec qui le commandant entre-t-il? 2. Pourquoi Joseph croit-il inutile que le commandant parte? 3. Quelle recommandation le commandant fait-il à Joseph? 4. Qu'est-ce que Joseph prévoit? 5. Quand le commandant veut-il des nouvelles? 6. Où veut-il que Joseph lui écrive? 7. Qu'est-ce que Joseph souhaite au commandant? 8. Quand croit-il que le commandant sera revenu? 9. Que fait le commandant après le départ de Joseph? 10. Où entre-t-il?

# VII

## ACT I, SCENE VIII

1. De quoi Mme Perrichon et sa fille sont-elles lasses? 2. Pourquoi M. Perrichon dit-il que c'est fini? 3. Combien donne-t-il au facteur? 4. Avant d'entrer, que fait-il faire à sa fille? 5. Quelle dépense inscrit-elle? 6. Que lui fait-il ajouter? 7. Quelle impression lui dicte-t-il? 8. Que croit-il avoir perdu

encore? 9. Qu'est-ce que l'on entend en ce moment? 10. Où M. Perrichon trouve-t-il les billets qu'il croit perdus?

# VIII

## ACT I, SCENE IX

1. Par qui Daniel est-il heurté? 2. Que vient-il de faire? 3. Où vont ces deux jeunes gens? 4. Pourquoi partent-ils? 5. Qui se disposent-ils à suivre? 6. Pourquoi suivent-ils cette jeune personne? 7. Que propose Daniel? 8. Comment Armand reçoit-il cette proposition? 9. Quelle sorte de livre M. Perrichon désire-t-il? 10. Quel livre achète-t-il?

# IX

## ACT II, SCENE I

1. Décrivez le décor[1] du second acte. 2. Que voit-on par les fenêtres de l'auberge? 3. Que font Armand et Daniel? 4. Où vont-ils après déjeuner? 5. Où en sont[2] les opérations? 6. Quel a été le premier soin des deux jeunes gens? 7. Combien de fois Mlle Perrichon a-t-elle regardé Armand? 8. Quelle est la profession de Daniel? 9. Quelle est la profession d'Armand? 10. Pourquoi Armand se lève-t-il?

[1: Stage scenery, setting.] [2: «How are... getting on?»]

# X

## ACT II, SCENE II

1. Pourquoi Daniel dit-il qu'Armand ne sait pas vivre? 2. M. Perrichon fume-t-il? 3. Que fait Armand pendant que Daniel s'étend? 4. Quelle demande l'aubergiste fait-il à Daniel? 5. Quelle raison Daniel donne-t-il de son refus? 6. Quelle est la pensée du 'Voyageur enrhumé? 7. Qui a la belle écriture? 8. Qu'est-ce que M. Malaquais? 9. Qu'est-ce qu'un rentier? 10. Que sont les Français chez eux? et en voyage?

# XI

## ACT II, SCENE III

1. Pourquoi Armand demande-t-il du sel et du vinaigre? 2. Quelle raison Mme Perrichon donne-t-elle de la culbute de son mari? 3. Quelle raison M.

Perrichon en donne-t-il? 4. Que serait-il arrivé sans Armand? 5. Armand qu'a-t-il fait? 6. Pourquoi Mme Perrichon veut-elle pleurer? 7. M. Perrichon sait-il faire des phrases? 8. Quelles phrases fait-il ici? 9. Que pense Daniel de tout ceci? 10. Pourquoi M. Perrichon fait-il reconduire le cheval?

# XII

## ACT II, SCENE IV

1. Que dit Daniel de cette aventure? 2. Que décide-t-il de faire? 3. Est-ce un sacrifice qu'il fait à Armand? 4. Pourquoi n'est-ce pas un sacrifice? 5. Quel service Armand voulait-il demander à Daniel? 6. Pourquoi ne peut-il pas parler à M. Perrichon lui-même? 7. Que pense Daniel de cette proposition? 8. Que finit-il par faire? 9. Que dit-il à Armand de faire? 10. Comment compte-t-il s'y prendre[1]?

[1: To set about it.]

# XIII

## ACT II, SCENE V

1. Comment se porte M. Perrichon à présent? 2. Que compte-t-il faire dans un quart d'heure? 3. Quelles sont les qualités d'Armand? 4. Que pense M. Perrichon de l'action d'Armand? 5. Le service rendu était-il bien grand? 6. Pourquoi sa famille l'exagère-t-elle? 7. Comment M. Berrichon roulait-il après avoir glissé? 8. A qui pareil accident est-il déjà arrivé? 9. Quelle récompense le guide a-t-il reçue? 10. Quels sont les sentiments de M. Perrichon envers Armand?

# XIV

## ACT II, SCENES VI AND VII

1. Daniel a-t-il fait la demande d'Armand? 2. Pourquoi ne l'a-t-il pas faite? 3. Pourquoi continue-t-il la lutte? 4. Comment va-t-il s'y prendre[1]? 5. Où va M. Perrichon? 6. Armand l'accompagne-t-il? 7. Pourquoi Armand ne l'accompagne-t-il pas? 8. Que demande M. Perrichon à l'aubergiste? 9. Pourquoi demande-t-il le livre des voyageurs? 10. Quelle pensée a-t-il trouvée?

[1: See XII above, note.]

# XV

## ACT II, SCENE VIII

1. Qui l'aubergiste introduit-il? 2. Qui le commandant cherche-t-il? 3. Que commande-t-il à l'aubergiste? 4. Pourquoi Armand poursuit-il le commandant? 5. Le commandant a-t-il quitté Paris pour échapper aux poursuites? 6. Le commandant que prie-t-il Armand de faire? 7. Pourquoi lui demande-t-il cela? 8. Pourquoi tient-il à être enfermé? 9. Avant quelle heure ne sort-il jamais? 10. De quoi le commandant se déclare-t-il très heureux?

# XVI

## ACT II, SCENE IX

1. Armand aime-t-il la Suisse? 2. Pourquoi y va-t-il? 3. Mme Perrichon aimerait-elle habiter la Suisse? 4. Quelle est l'infirmité de M. Pingley? 5. Quelle comédie Armand a-t-il jouée? 6. Pour qui Armand doit-il la vérité à Mme Perrichon? 7. Quelle est cette vérité? 8. Pourquoi suit-il pas à pas la famille Perrichon? 9. Comment aime-t-il Henriette? 10. Par quoi leur conversation est-elle interrompue?

# XVII

## ACT II, SCENE X

1. Par qui Daniel est-il soutenu quand li entre? 2. Qu'est-il arrivé? 3. Quel récit M. Perrichon imite-t-il? 4. Comment Daniel se trouve-t-il en réalité? 5. Comment remercie-t-il M. Perrichon? 6. Armand sait-il le plaisir qu'on éprouve à sauver son semblable? 7. M, Perrichon que désire-t-il faire avant de quitter ces lieux? 8. Quelle faute d'orthographe M. Perrichon a-t-il faîte? 9. Quel temps fait-il quand la famille Perrichon repart en voiture? 10. Qui montera sur le siège?

# XVIII

## ACT III, SCENES I AND II

1. Décrivez le salon de M. Perrichon. 2. Qu'y a-t-il au milieu du salon? 3. Quelle heure est-il? 4. Qu'est-ce que Jean a fait pour le retour de ses maîtres? 5. Qui est venu ce matin sans laisser de carte? 6. Que portent M. Perrichon et sa famille? 7. Pourquoi ne sont-ils pas revenus huit jours plus tôt? 8. Comment Jean trouve-t-il M. Perrichon? 9. Que voit-on à la figure de M. Perrichon? 10. Qu'est-ce que M. Perrichon annonce à Jean?

# XIX

## ACT III, SCENE III

1. Qu'espère Mme. Perrichon, maintenant qu'ils sont de retour[1]? 2. Lequel des deux jeunes gens M. Perrichon préfère-t-il? 3. Quelles raisons donne-t-il de sa préférence? 4. Pourquoi n'aime-t-il pas Armand? 5. M. Perrichon croit-il avoir de la vanité? 6. Pourquoi aurait-il le droit d'en avoir? 7. Quel est le signe caractéristique du vrai courage? 8. Qui Henriette préfère-t-elle? 9. Quel moyen y a-t-il de le savoir? 10. Quelle recommandation Mme. Perrichon fait-elle à son mari?

[1: Home again.]

# XX

## ACT III, SCENE IV

1. Pourquoi M. et Mme Perrichon ont-ils à parler à Henriette? 2. Qu'ont-ils résolu de faire? 3. Que pense M. Perrichon de Daniel? 4. M. Perrichon influence-t-il Henriette? 5. Henriette se déclare-t-elle immédiatement? 6. Qui finit-elle par choisir? 7. Quelle raison donne-t-elle de son choix? 8. Qu'en pense M. Perrichon? 9. Comment se tire-t-il d'affaire[1]? 10. Quel reproche Mme Perrichon lui fait-elle?

[1: Get out of the difficulty.]

# XXI

## ACT III, SCENE V

1. Comment Majorin explique-t-il sa visite? 2. Pourquoi M. Perrichon ne le retient-il pas à dîner? 3. Pourquoi Majorin est-il venu? 4. Pourquoi ne rapporte-t-il pas à M. Perrichon l'argent qu'il lui doit? 5. Quel souvenir M. Perrichon lui a-t-il rapporté? 6. Pour qui encore M. Perrichon a-t-il rapporté deux autres montres? 7. Où les avait-il mises avant d'arriver à la douane? 8. Pourquoi les avait-il fourrées dans sa cravate? 9. Qu'est-il arrivé? 10. Que fait Majorin?

# XXII

## ACT III, SCENES VI AND VII

1. Que fait Mme Perrichon quand Jean annonce Armand? 2. Comment M. Perrichon présente-t-il Armand à Majorin? 3. Comment présente-t-il Daniel à Majorin? 4. Où Henriette trouve-t-elle le nom de son père? 5. Que suppose M. Perrichon d'abord[1]? 6. Quelle histoire le journal raconte-t-il? 7. Combien Daniel a-t-il payé cet article? 8. Que pense M. Perrichon de la presse? 9. Qui a remis un papier timbré a Jean? 10. Qu'est-ce qu'un papier timbré?

[1: At first.]

# XXIII

## ACT III, SCENE VIII

1. Que pense M. Perrichon du petit sapin auquel il allait se cramponner? 2. Que pense-t-il d'Armand en ce moment? 3. De quoi Daniel se souvient-il seulement? 4. Qu'annonce-t-il à M. Perrichon? 5. Pourquoi veut-il partir? 6. Comment empêchera-t-il[1] l'image de M. Perrichon de le quitter? 7. A qui s'est-il adressé? 8. A quoi tient-il surtout? 9. Où sera-t-il lui-même dans le tableau? 10. Quelle inscription mettra-t-on dans le livret?

[1: To prevent.]

# XXIV

## ACT III, SCENE IX

1. Depuis combien de temps le commandant cherche-t-il Perrichon? 2. Pourquoi le cherche-t-il? 3. Pourquoi a-t-il corrigé la faute d'orthographe de M. Perrichon? 4. A-t-il la prétention de donner une leçon à M. Perrichon? 5. Que vient-il faire alors? 6. M. Perrichon se laisse-t-il intimider? 7. Pourquoi n'a-t-il pas peur? 8. M. Perrichon retire-t-il ce qu'il a écrit? 9. Que lui propose alors le commandant? 10. Quelle raison le commandant donne-t-il de son départ?

# XXV

## ACT III, SCENES X AND XI

1. Pourquoi Perrichon ne croit-il pas que le commandant soit un vrai militaire? 2. Pourquoi Jean a-t-il laissé entrer le commandant? 3. Que lit-on sur la carte du commandant? 4. Pour qui M. Perrichon a-t-il pris le commandant? 5. Pourquoi M. Perrichon pousse-t-il un cri? 6. Quel moyen a-t-il trouvé? 7. Quelle opinion Daniel conçoit-il de son futur beau-père? 8.

Quel moyen Daniel trouve-t-il d'empêcher le duel? 9. A qui va-t-il envoyer une lettre? 10. Quel résultat de sa lettre prévoit-il?

# XXVI

## ACT III, SCENES XII AND XIII

1. Qu'est-ce que M. Perrichon a fait pendant ce temps? 2. Pourquoi met-il «midi moins un quart»? 3. Comment décrit-il l'un des combattants? 4. Que met-il sur l'enveloppe? 5. Comme quoi est-il calme? 6. Pourquoi n'accompagnera-t-il pas sa femme au concert? 7. Que pense Mme Perrichon de son air sérieux? 8. Qu'est-ce qui a échappé à M. Perrichon? 9. Que pense M. Perrichon du duel en général? 10. Pourquoi Jean est-il joyeux?

# XXVII

## ACT IV, SCENES I AND II

1. Qu'est-ce qu'un «pavillon praticable»? 2. Que porte M. Perrichon sous son manteau? 3. Pourquoi a-t-il deux paires d'épées? 4. Pourquoi ne veut-il pas arriver avant midi? 5. Quelle raison a-t-il d'attendre Majorin? 6. Que demande-t-il à Majorin? 7. Quelle réponse Majorin lui fait-il d'abord? 8. Et finalement? 9. Que lui demande-t-il seulement? 10. Pourquoi M. Perrichon ne veut-il pas faire ses adieux à sa femme?

# XXVIII

## ACT IV, SCENE III

1. Comment Henriette entre-t-elle? 2. Pourquoi n'est-elle pas inquiète? 3. Que fait-elle pendant que son père lui parle? 4. Comment Mme Perrichon entre-t-elle? 5. Pourquoi a-t-elle des fleurs à la maîn? 6. Quelle recommandation fait-elle à son mari? 7. Qu'en pense Majorin? 8. Que rappelle Daniel à M. Perrichon? 9. Quel conseil Henriette lui donne-t-elle? 10. Qu'en pense Majorin?

# XXIX

## ACT IV, SCENE IV

1. Pourquoi le duel n'aura-t-il pas lieu? 2. Que pense Daniel de son rival? 3. M. Perrichon est-il content? 4. Pourquoi n'est-il pas satisfait? 5. Comment remercie-t-il Armand? 6. Que va faire Majorin? 7. Qu'est-ce que Daniel lui

offre? 8. Pourquoi Mme Perrichon dit-elle à Armand de rester? 9. Pourquoi Armand hésite-t-il? 10. Qu'est-ce qui le détermine à faire sa demande?

## XXX

### ACT IV, SCENE V

1. Quels sont les sentiments de M. Perrichon envers l'armée? 2. Comment le commandant est-il sorti de prison? 3. De quoi le commandant n'a-t-il jamais douté? 4. Jean que pense-t-il de son maître? 5. Pourquoi M. Perrichon change-t-il soudain d'attitude? 6. Fait-il des excuses au commandant? 7. Que devra-t-il faire demain? 8. Où est situé le Montanvert? 9. A quoi le commandant rend-il hommage? 10. Pourquoi M. Perrichon renvoie-t-il Jean?

## XXXI

### ACT IV, SCENE VI

1. Qui M. Perrichon blâme-t-il de ce qui vient d'arriver? 2. Où Armand est-il allé hier? 3. Qu'a-t-il obtenu? 4. M. Perrichon que devra-t-il faire? 5. M. Perrichon est-il content? 6. Pourquoi pas? 7. Pourquoi le duel à deux heures n'est-il pas la même-chose qu'à midi? 8. Si M. Perrichon tombe dans un trou, que prie-t-il Armand de faire? 9. Combien donne-t-on au guide qui vous sauve? 10. Quelles gens M. Perrichon n'aime-t-il pas?

## XXXII

### ACT IV, SCENE VII

1. Armand qu'a-t-il acquis en causant avec M. Perrichon? 2. Que lui a reproché M. Perrichon? 3. Armand qu'a-t-il cru que M. Perrichon allait faire? 4. Que reste-t-il à faire à Armand? 5. Pourquoi se veut-il pas rester? 6. Que lui répond Henriette? 7. Qu'a dit Mme Perrichon? 8. Mme Perrichon qu'a-t-elle de plus cher au monde? 9. Quel espoir Armand exprime-t-il? 10. Que font les demoiselles bien élevées en France?

## XXXIII

### ACT IV, SCENE VIII

1. Dans combien de temps Daniel et Armand connaîtront-ils la réponse de M. Perrichon? 2. Quel défaut Armand a-t-il? 3. Quel paradoxe Daniel développe-t-il? 4. Dans quelle catégorie ne faut-il pas ranger M. Perrichon?

5. Combien de choses l'action d'Armand rappelle-t-elle à M. Perrichon? 6. Lesquelles? 7. Quelles précautions Daniel prend-il quand il rend service? 8. Quelle définition de l'ingratitude donne-t-il? 9. En raison de quoi les hommes s'attachent-ils à nous? 10. Si Mme Perrichon est pour Armand, qu'est-ce qui est pour Daniel?

# XXXIV

## ACT IV, SCENES IX and X

1. M. Perrichon que donne-t-il à Daniel? 2. Que donne-t-il à Armand? 3. Pourquoi ne cherche-t-il pas à s'acquitter envers lui? 4. Comment Daniel prend-il sa défaite? 5. Pourquoi Majorin a-t-il gardé la voiture de Daniel? 6. Combien de temps l'a-t-il gardée? 7. Quelle invitation M. Perrichon fait-il à Armand pour demain? 8. Pourquoi ne peut-il prendre d'engagements pour demain? 9. Quelle excuse donne-t-il de son départ? 10. Pourquoi dit-il «commandant» au lieu de «commandé»?

# LIST OF EXCLAMATIONS

Exclamations are much more usual in the give-and-take of French conversation than they are in English. Although, therefore, they may be sometimes omitted in translation, it is imperative that their force should in each case be clearly understood, and that the translation should convey, if not by a similar expletive, at any rate by some lively turn of phrase, an equivalent impression of the vivacity of the dialogue. It is here that scholarship and ingenuity can find their opportunity.

Ah! generally the English *Oh*! of surprise or indignation. Butsometimes (often in the mouth of Henriette) our *Ah*! of satisfaction or delight.

Ah bah! expresses the greatest open-mouthed amazement: *You don't say*!

Ah çà! generally before an interrogation, expresses some impatience or rising temper, as when the speaker is getting tired of, or a littlevexed at, anything. It frequently introduces a question that is meant to be somewhat of a poser (see Act II, Sc. I). It can often be translated by *See here*! or *Now see here*! or *But see here*! spoken with some sharpness and with a frown.

Aïe! always an exclamation of pain: *Ouch*!

A la bonne heure! *That's right*! (with emphasis on «that») or *Good*! always implying that something not so good has come before, and that this is right at last. Compare the second use of *Allons donc*!

Allons! literally, *Come along*! or figuratively, *Come*! or *All right*! or *Very well, then*!

Allons bien! always ironical, and expressive of disgust: There now!

Allons donc! more usually (1) *Nonsense*! like our «Get along with you!» but also (2) expresses encouragement (Act III, Sc. VIII, last line). When what you want is at last occurring, *Allons donc*! has the force of «Come along, then!» with great emphasis on «come,» and consequently may be translated *At last*! with strong emphasis on «at.» In the latter sense it has the same meaning as *A la bonne heure*! but conveys rather a sense of the successful effort that is being made, than of the result that has been achieved.

Comment donc! exactly our *Why certainly*!

Dame_! (from the Latin *dominum* = lord) expresses reluctant assent. Its force is «Why, of course!» or «Why, yes!» or «I am sorry, but...» Cf. *parbleu*!

Dieu! = *My! but*...

Diable! *The deuce! Bother! Thunder*!

Dis donc! Dites donc! *Say!*

Donc (with an imperative) = *Do.*

Eh! *Why!*

Eh bien! always *Well!*

Enfin! *At last!* or *Well!* or *Anyhow!*

En route! *Off we go!* or *Let's be off!*

Hein? *What?* or *Eh?* a weak interrogation.

Ma foi! *Indeed!* or *Really!* Cf. the English, «Upon my word,» or the Irish, «Faith! and...»

Mon Dieu! generally very weak, expressing resignation or indifference: *Dear me!* or *O dear!* but sometimes much stronger, *Good gracious!* (see Act III, Sc. III).

Parbleu! emphatic, half-indignant assent: *Of course!* Cf. *Dame!*

Par exemple! generally expresses surprised indignation; literally, «For an instance (of something extraordinary, this is such an instance).» Translate by such an equivalent as *Well, I declare!* But sometimes (*e.g.* Act III, Sc. I) it is less strong, and introduces an exception to what has come before: *e.g.* «Napoleon was a great general, but *par exemple,* he blundered in Russia.» This use is equivalent to «But on the other hand,» literally, «For an instance (of a case to which this does not apply),» and may often be rendered, *But then,* or *Oh! but...*

Que voulez-vous? a very frequent expression of half-apology, «What could you expect?» «What was I to do?» «How could I help it?» etc., and is generally accompanied by a shrug of the shoulders and by a turning outward of the palms of the hands.

Saperlotte! a humorous exclamation of surprise, in line with, but stronger than, *Sapristi!* Often equivalent to *Gee whiz!*

Sapristi! (a euphemism for «per sanguinem Christi») is a mild and always humorous expression of surprise. Parallel to our *Gee!*

Soit! (Sound the final «t») *All right!* literally, «So be it!»

Tiens! (1) *Take this! Here!* (2) *See this! See!* (3) (the same as the second use, only addressed to one's self) *Hello! Why!*

Tenez! has the same first and second meanings as *Tiens* above, but is never used in the third, as no one would address himself in the plural of politeness.

Très bien! *All right!*

Voyons! often used to soothe or pacify, *Come, come!*

# VOCABULARY

NOTE.—The articles, personal pronouns, possessive adjectives, and, in general, words the spelling and meaning of which are alike, or very nearly so, in English and in French, have usually been omitted.

## A

à, at, to, in, with, for. abasourdi, dumfounded. abdiquer, to abdicate. abîme, *m.* abyss, pit. abord, *m.* d'——, first, at first, in the first place. abréger, to abridge. abrupt, steep. absence, *f.* absence. absolument, absolutely. accepter, to accept. accident, *m.* accident. accompagner, to accompany. accorder, to grant. accourir, to run up. acheter, to buy. achever, to finish. acquérir, to acquire. acquitter; s'—— de, to pay. acte, *m.* act. actif, active. action, action, share (*of stock*). adieu, farewell. administration, *f.* company, office; —— des douanes, custom-house. admirable, wonderful. admirer, to admire, to wonder at. adresse, *f.* address. adresser, to address; s'——, to apply. adversaire, *m.* adversary. affaire, *f.* affair, business (also *pl.*), papers. affiche, *f.* time-table (*posted up in the station*). affolé, gone crazy. affreux, awful. afin de, in order to; —— que, in order that. agacer, to irritate. âge, *m.* age. agent, *m.* servant. agir, to act; s'——, to be the question, to be the matter. agréable, agreeable, pleasant. agréer, to accept. ah, oh, ah! —— bah! «You don't say!»; —— ça! See here! (See List of Exclamations.) ahuri, *m.* lunatic. aider, to aid, to help. aïe! (*of pain*) ouch! ailleurs; d'——, besides, moreover. aimable, amiable, kind. aimer, to love, to like; —— mieux, to prefer. ainsi, thus, for instance. air, *m.* air, look, manner; avoir l'—— de, to seem, to look as if. ajouter, to add. aller, to go; s'en ——, to go away, allons donc, nonsense! at last! allumer, to light. alors, then, so. amateur, *m.* amateur. amertume, *f.* bitterness. ami, *m.* friend; mon ——, my dear. amical, friendly. amoureux (de), in love (with). an, *m.* year. ancien, former, retired, ex. ange, *m.* angel. angle, *m.* corner. animal, *m.* stupid fellow. année, *f.* year. annoncer, to announce. antichambre, *f.* antechamber. apercevoir, to perceive. appartement, *m.* room, suite of rooms, flat. appartenir, to belong, to behoove. appeler, to call, to name. appointements, *m.* salary. apporter, to bring. appreciation, *f.* comment. apprendre, to teach, to learn. approcher, to draw up, to bring near; s'——, to approach. après, after, afterward, to. argent, *m.* money, silver. armée, *f.* army. arracher, to tear, to snatch. arranger, to arrange, to touch up, to patch up. arrêter, to stop. arriver, to come, to arrive, to happen. arrondissement, *m.* ward. arroser, to water. arrosoir, *m.* watering-pot. asseoir (s'), to sit down. assez, enough; —— ... pour, so ... as to. assignation, *f.* summons. assister, to help, to assist, to be present. associé, *m.* partner. associer, to associate, to put up. assurer, to assure, to insure. atroce, awful.

attacher, to attach; s'———, to cling. attaque, *f.* attack. attendre, to wait, to wait for, to expect; s'——— à, to expect. attendrir, to touch, to move. attente, *f.* waiting. atténuer, to belittle. attrape! «one on me!» attribuer, to attribute, to ascribe. auberge, *f.* inn. aubergiste, *m.* innkeeper. aucun, any; ne ... ———, no, none. au-devant de, to meet. aujourd'hui, to-day. aune, *f.* yard (lit. *an ell*). aurore, *f.* dawn. aussi, also, as, so. aussitôt que, as soon as. autant que, as much as, as many as. auteur, *m.* author. autorité, *f.* authority, police. autre, other, else. avance, *f.* advance; en ———, ahead of time. avancé, wiser than before. avancer, to advance. avant, before. avantage, *m.* advantage, privilege. avant-hier, *m.* the day before yesterday. avare, stingy. avec, with. avenir, *m.* future. avis, *m.* counsel, opinion, advice, mind. avouer, to admit, to confess.

# B

bagages, *m. pl.* baggage, baggage-room. baisser, to cast down, to go down. bal, *m.* ball (*party*). balustrade, *f.* railing. banal, commonplace. banc, *m.* bench, dock. banque, *f.* bank; puffery. banquier, *m.* banker. barbue, *f.* brill. barrière, *f.* railing. bas, basse, low, aside. bataille, *f.* battle. bâton, *m.* stick, cane; ——— ferré, alpenstock. battre, to beat; se ———, to fight. beau, bel, belle, beautiful; avoir ——— ...; to ... in vain. beaucoup, much, many. beau-père, *m.* father-in-law. bénéfice, *m.* benefit. bénir, to bless. besoin, *m.* need. bête, *f.* animal, blockhead. bête, silly, stupid. bêtises, *f. pl.* nonsense. bien, *m.* good. bien, well, right, proper, surely, really, very. bienfait, *m.* benefit, kindness. bientôt, soon, presently. bienveillance, *f.* good-will, favor. bienvenu, *m.* welcome. biffer, to erase. billet, *m.* note, bank note, ticket. bizarre, queer. blâmer, to condemn. blesser, to wound, to hurt. blond, fair. boire, to drink. bois, *m.* wood. bon,-ne, good, silly; du ———, some merit; mon ———! old man! de ——— heure, early; à la ——— heure, that's right! bonheur, *m.* good fortune, happiness. bonhomme, *m.* fellow, old fellow. bonjour, *m.* good day. bord, *m.* bank, brink. borner, to confine. boule, *f.* ball. bouquet, *m.* bouquet, finale (*of fireworks*), climax. bourgeois, *m.* civilian, boss. bousculer, to jostle. bras, *m.* arm. brave, brave, good, brisé, broken, blasted. bronze, *m.* bronze. bruit, *m.* noise, rumor. brûler, to burn. brusquement, sharply, quickly. bulletin, *m.* baggage-check. bureau, *m.* desk, office. buvard, *m.* blotter, writing pad.

# C

ça (cela), that. cabrer (se), to rear, cacher, to hide. cacheter, to seal. cachot, *m.* prison-cell. café, *m.* coffee. caisse, *f.* pay desk. calculer, to calculate, calotte, *f.* traveling cap. campagne, *f.* campaign. canapé, *m.* sofa, caner, to climb down (*slang*). cantonade, *f.*; à la ———, off (*the stage*). caoutchouc, *m.* rubber coat. capital, important. car, for. caractéristique, characteristic. caresser, to cherish, carnet, *m.* note-book. carrosserie, *f.* carriage-making business. carrossier, *m.*

carriage-maker. carte, *f.* card, carton, *m.* bandbox. cas, *m.* case, esteem; faire
—— de, to set store by. caser, to settle. casser, to break. casserole, *f.* saucepan,
stewpan; à la ——, stewed. causer, to talk. cavalier, *m.* horseman. ce, cet,
cette, ces, this, that, these, Cie (compagnie), *f.* company. ceci, this. céder, to
yield. cela, that. celui, celui-là, that one, that man. cent, hundred. centime, *m.*
centime (*one-hundredth of a franc*). cependant, yet, still, however. certainement,
certainly, of course. cesse, *f.* intermission, ceasing. ceux, these, those. chacun,
each. chagrin, *m.* chagrin, regret. chaise, *f.* chair. chambre, *f.* chamber, room,
court (*of law*). change; lettre de ——, promissory note. changer, to change.
chanter, to sing. chapeau, *m.* hat. chaque, every. charger, to load, to
commission. chariot, *m.* truck. chaud, hot, warm. chaussons, *m. pl.* overshoes,
arctics, felt slippers. chemin, *m.* road, way; —— de fer, railroad. cheminée, *f.*
fireplace, mantelpiece. cher, chère, dear. chercher, to seek. cheval, *m.* horse.
chevalerie, *f.* chivalry. chez, at the house of, in. choisir, to choose. choix, *m.*
choice. chose, *f.* thing. chut! hush! chute, *f.* fall. ciel, *m.* heaven, heavens! cinq,
five. cinquante, fifty. circonstance, *f.* circumstance. circulation; en ——, out;
mettre dans la ——, to issue, to give out. citoyen, *m.* citizen. clair, clear.
cloche, *f.* bell. cocher, *m.* driver, cabman. coeur, *m.* heart. coffre, *m.* chest,
trunk. coiffer, to do the hair. col, *m.* collar. colère, *f* anger. combattant, *m.*
fighter. combattre, to combat, to fight. combien, how much, how many.
combler, to heap (*with good things*). commandant, *m.* major. comme, like, as.
commencer, to begin. comment, how, what! —— donc, why, certainly!
commerçant, *m.* merchant. commissionnaire, *m.* (*parcels-*) porter.
communiquer, to communicate. compagnon, *m.* companion. comparaître
(*official*), to appear. compatriote, *m.* fellow-countryman. complètement,
completely. compléter, to finish. comprendre, to understand. compromettre,
to compromise. compte, *m.* account, number; mettre sur le —— de, put
down to. compter, to count, to expect. concerter (se), to consult. concevoir,
to conceive. concierge, *m.* janitor. conclure, to conclude. concours, *m.*
competition, race. conduire, to drive, to give a lift to. confiance, *f.* confidence,
reliance. confidence, *f.* imparted secret, confession. congé, *m.* leave of
absence. connaissance, *f.* acquaintance. connaître, to know. consacrer, to
commemorate. conseil, *m.* counsel, piece of advice, considérablement, much.
consigner, to pay in. constater, to state, to establish. contempler, to
contemplate. content, glad, satisfied. contraire, contrary. contrarier, to
thwart, to annoy. contre, against. convenir, to suit, to agree. convoi, *m.* train.
corde, *f.* cord, rope. corps, *m.* body, correspondant, *m.* agent. corriger, to
correct. côté, *m.* side. coulisse, *f* side-scene (*of stage*). coup, *m.* blow, stroke; ——
—— de sonnette, ring. couper, to cut. courage, *m*, courage. courber, to bend.
courir, to run. course, *f.* trip. courtisan, *m.* flatterer. cousin, *m.* cousin. coûter,
to cost. couvert, covered. craindre, to fear. cramponner (se), to cling, to
clutch cravate, *f.* necktie, choker. crevasse, *f.* crevasse. cri, *m.* cry, shout. crispé,

clenched. croire, to believe. croiser le fer, to cross swords. cueillir, to gather. cuisinière, *f.* cook. culbute, *f.* tumble. cultiver, to cultivate.

# D

dame, *f.* lady. Dame! Why! (See List of Exclamations.) dans, in, into, with, within. danser, to dance. danseur, *m.* dancer, partner. davantage, more. de, of, by, from, with, out of, some, any. débarrasser, to rid. décamper, to quit. décidément, on the whole. décider, to decide, to persuade. décocher, to let fly. défaut, *m.* fault. défendre, to defend, to forbid. dehors, outside. déjà, already. déjeuner, to breakfast, to lunch. déjeuner, *m.* breakfast, lunch. délicat, delicate, delicious. demain, to-morrow. demande, *f.* offer (*of marriage*). demander, to ask; se ——, to wonder. déménager, to move (*one's lodgings*). demoiselle, *f.* girl, young lady. démontrer, to prove. départ, *m.* departure. dépêcher (se), to hurry up. dépense, *f.* expenses. depuis, after; —— que, since. déranger, to disturb; être dérangé, to be out of order. dernier, last. dérober; se —— à, to flee from. derrière, behind. dès, as early as, from. désagréable, disagreable. descendre, to put up (*at an hotel*), to come down (*the stage*). désigner, to designate, to point out. désinviter, to take back an invitation. désireux, désirous. désolé, very sorry. désormais, henceforth. dessus, over it. destituer, to discharge. deux, two. deuxième, second. devant, before; aller au —— de, to go to meet. développer, to unfold. devenir, to become. dévergondage, *m.* dissipation, impertinence. deviner, to guess. devoir, to owe, to have to, (I am to, etc.) dévouement, *m.* devotion. dévouer, to devote. diable, *m.* deuce. diablesse, *f.*; —— de, deuce of a ... d'ici là, between this and then. dicter, to dictate. dictionnaire, *m.* dictionary. Dieu, *m.* God, gracious! difficile, difficult. dîner, *m.* dinner. dire, to say, to gainsay. direct (*of trains*), through, express. diriger, to direct, guide. disparaître, to disappear. disposer (se), to make ready. distingué, well-bred, refined. distrait, absent-minded. distribuer, to distribute, to give out. dividende, *m.* dividend. dix, ten. domestique, *m. and f.* servant. dominer, to lord it over. donc, then; allons —— —, nonsense! at last! (See List of Exclamations.) donner, to give. dont, whose, of which, of whom. dormir, to sleep. douane, *f.* custom-house. douanier, *m.* custom-house officer. doucement, imperceptibly. douloureux, painful. doute, *m.* doubt. douter, to doubt; se —— de, to suspect. doux, douce, gentle, soft. douzaine, *f.* dozen. douze, twelve. dresser, to draw up, to lodge. droit, *m.* right, duty. droit, straight. droite, *f.* right hand. drôle, queer. duel, *m.* duel, dueling. durer, to last.

# E

eau, *f.* water. éboulement, *m.* landslide. échange, *m.* exchange. échapper, to escape, to slip out. éclabousser, to bespatter. éclairer, to enlighten. éclater, to burst, to fly out (*at a person*). écouter, to listen; ——— aux portes, eavesdropping. écraser, to crush. écrier (s'), to exclaim. écrire, to write. écriture, handwriting. effet, *m.* fact. effort, *m.* effort. effrayer, to frighten. effusion; avec ———, effusively. égal, equal, indifferent; C'est ———, all the same; ça m'est ———, I don't care également, equally. eh bien, well! élancer (s'), to rush, to dart. élégant, elegant. élever, to elevate, to bring up, to train. éloigner; s'——— de, to move away from, to leave. embarras, *m.* perplexity; dans l'———, left in the lurch. embrasser, to embrace, to kiss. empêcher, to prevent. emphase, *m.* pomposity. employé, *m.* official. emporter, to carry away; l'———, to win. emprunter, to borrow. empressement, *m.* eagerness. ému, moved. en, in, on, by, for, from, like. en, in it, of it, with it (them); some, any; from there, for that. enchaîner, to chain, to bind. enchanter, to delight. encore, still, more, besides, yet, again, too. encrier, *m.* inkstand. endroit, *m.* place. énergiquement, energetically. enfant, *m. and f.* child. enfermer, to shut up. enfin, at last, in short, anyhow. engager, to engage, to enter on, to begin. engraissé, fleshier. enlevez! O.K.! ennemi, *m.* enemy. ennuyer, to weary, to tire; s'———, to be tired, bored. enregistrer (*of baggage*), to check. enrhumé, with a cold. ensemble, together. ensevelir, to bury. entendre, to hear, to understand; s'———, to have an understanding. entier, entire. entourer, to surround. entre, between. entrée, *f.* entrance. entrer, to enter. entr'ouvrir, to half-open. envahir, to intrude, to invade. envenimer, to envenom. envers, to, toward. envie, *f.* notion, fancy, desire; avoir ——— de, to have a mind to, to want to. envoi, *m.* sending. envoyer, to send. épanouir, s'———, to bloom, to beam. épée, f. sword. éperon, *m.* spur. éplucher des fautes, to pick holes. épouser, to marry. éprouver, to feel, to experience. espérance, *f.* expectation, hope. espérer, to hope. espoir, *m.* hope. esprit, *m.* mind, wit. essayer, to try. essuyer, to wipe, to dust, to mop. estimer, to esteem. estomac. *m.* stomach, chest. et, and. étendre, to extend, to stretch. étoffe, *f.* stuff, étonnant, wonderful. étonner, to astonish. étranger, *m.* stranger; à l'——— abroad. étrangler, to strangle, to stick in the throat. événement, *m.* event. éviter, to avoid. exactement, exactly, punctually. examiner, to examine. excellent, good, excellent. ex-commandant, major... retired. exemple, *m.* example; par ———, Well, I declare! (See List of Exclamations.) exercice, exercise, discharge. explication, *f.* explanation. expliquer, to explain. exprès, on purpose. extérieur, outside, exterior.

# F

fâcher (se), to be vexed, to be angry. facilement, easily. facteur, *m.* (*baggage*) porter. factionnaire, *m.* sentry. faiblesse, *f.* weakness. faiblir, to weaken, to flinch. faire, to make, to do, to counterfeit; to pay, to travel; ——— part, to notify. fait, *m.* fact, point; ——— d'armes, exploit; au ———, after all; tout à ———, entirely. falloir, to be necessary. famille, *f.* family. fanfaronnade, *f.*

boastfulness, bluster. fantaisie, *f.* fancy. fatigant, tiresome. fatuité, *f.* conceit. faute, *f.* fault. fauteuil, *m.* armchair. faux, fausse, false, sham; —— pas, slip. félicitation, *f.* congratulation. femme, *f.* woman, wife. fenêtre, *f.* window. fer, *m.* iron. ferrailleur, *m.* swashbuckler. ferré, iron-shod. feu, *m.* fire; —— d'artifice, fireworks. feuilleter, to turn the leaves of. fiacre, *m.* cab. fier, proud. fièrement, proudly. figure, *f.* face. fille, *f.* daughter, girl. fils, *m.* son. fin, *f.* end. finir, to finish. fixer, to fix, to settle. flairer, to scent. flatteur, -se, flatterer, flattering. flèche, *f.* arrow, bolt. fleur, *f.* flower. foi, *f.* faith; de la mauvaise —— ——, not straight. fois, *f.* time. fonctions, *f. pl.* duty. fond, *m.* rear, back, bottom. fort, strong, hard, great. fou (fol, folle), crazy. foule, *f.* crowd. fourrer, to stuff, to intrude. frais, fraîche, fresh, still wet. frais, *m. pl.* expenses, costs. franc, frank. franc, *m.* franc (*about 20 cents*). français, French. frère, *m.* brother. frimas, *m.* (*poetical*) eternal snows. frissonner, to quiver, to shiver. froisser, to jar on. front, *m.* forehead. frotter, to rub. fumer, to smoke.

# G

gabelou, *m.* (*custom-house*) shark. gagner, to earn, to gain. gaiement, gayly, joyously. galanterie, *f.* love-making. gambader, frisk. garantie, *f.* collateral. garçon, *m.* boy, fellow, waiter; *adj.* single (*unmarried*). garde, *m.* guard, keeper. garde, *f.* care. garder, to keep. gare, *f.* station, terminal. gâteau, *m.* cake. gauche, left. gêner, to trouble, to put out. Genève, Geneva. gens, *m. and f.* people. gentil, nice. gentilhomme, nobleman. gérant, *m.* manager. glace, *f.* ice. glisser, to slip. gonfler (se), to swell, to inflate. gouffre, *m.* chasm. gourmand! *m.* greedy thing! goutte, *f.* drop. grâce, *f.* grace. gradé, with the rank of an officer. grammaire, *f.* grammar. grammatical, grammatical. grand, great, grand; —— 'route, high-road. gras, -se, fat, grave, serious. gré; savoir ——, to be grateful. grincer, to grind one's teeth. grippe, *f.* dislike, aversion; prendre quelqu'un en ——, to take a positive aversion to somebody. grog; —— au kitsch, cherry brandy. guère; ne ... ——, hardly. guéridon, *m.* light table. guérir, to cure. guérison, *f.* cure. guerre, *f.* war. guichet, *m.* (*ticket*), window. Guillaume, William.

# H

habiter, to inhabit, to live in. habits, *m. pl.* clothes. habitude, *f.* habit. hasard, *m.* chance. hâte, *f.* haste. haut, high, loud; aloud. haut, *m.* height. hautement, loudly. hauteur, *f.* haughtiness. hein, eh? héroïque, heroic. hésiter, to hesitate. heure, *f.* hour, o'clock; de bonne ——, early; à la bonne ——, that's right! tout à l'——, by and by. heureusement, fortunately. heureux, -se, happy, lucky, fortunate. heurter, to bump into. hier, yesterday. histoire, *f.* story, talk; -s, fuss. hiver, *m.* winter. Holà, hello! hommage, *m.* homage. homme, *m.* man; —— de monde, gentleman. honnête, good. honneur, *m.* honor. huile, *f.* oil.

huit, eight, eighth. huitième, eighth. humanité, *f.* mankind. humilier, to humiliate.

# I

ici, here; par ——, this way. idée, *f.* idea. ignorer, to ignore, to be ignorant of, not to know. illustre, illustrious. impatienter, to put out of patience. important, important, superior. importer, to matter. imposer, to impose; s'—— ——, to force one's self upon people. imprévu, unforeseen. imprimer, to print. impuissant, powerless. incliner; s'——, to bow, to submit. incrédule, incredulous, skeptical. indépendance, *f.* independence. indépendant, independent. indiquer, to point to. indiscret, indiscreet. influencer, to influence, to bias. informe, shapeless. informer, to inform; s'——, to inquire. ingénieux, -se, ingenious. injure, *m.* insult; ——s, abuse. inouï, unheard of, most frantic. inquiet, restless, anxious. inquiéter, to disturb. inscrire, to inscribe. insensé, terrific; *m.* madman. instamment, earnestly. instrumenter (*legal*); faire ——, to let the law take its course. interroger, to question. interrompre, to interrupt. intimement, intimately. intimider, to intimidate. introduire, to introduce. inutile, useless, unnecessary. ironiquement, ironically. itinéraire, *m.* itinerary, route.

# J

jamais, ever, never; ne ... ——, never. jambe, *f.* leg. jardin, *m.* garden. jeter, to throw. jeune, young. joie, *f.* joy. joli, pretty. jouer, to play. jouir de, to enjoy. jour, *m.* day. journal, *m.* newspaper. journée, *f.* day. juillet, July. jurer, to swear. jusqu'à, as far as; jusque-là, till then. juste, just, right, true, so, exactly.

# K

kirsch, *m.* See grog.

# L

là, there; —— -bas, over there; —— -dedans, in there. laborieux, -se, troublesome, hardworking. laisser, to let, to leave. langue, *f.* tongue, language. laquelle, *f.* which. las, lasse, tired. leçon, *f.* lesson, lecture. lecture, *f.* reading. ledit, the aforesaid, said. léger, light, slight. lentement, slowly. lequel, *m.* which. lettre, *f.* letter; —— de change, promissory note. lever (se), to get up. libre, free. lien, *m.* link. lié, acquainted. lieu, *m.* place. lieue, *f.* league. lièvre, *m.* hare. ligne, *f.* line. lire, to read. livre, *m.* book; *f.* franc. livret, *m.* catalogue. loi, *f.* law. loin, far. loisir, *m.* leisure. long, -ue, long; à la ——, after a while; ——

de, as long as. longtemps, long. lorgnette, *f.* field-glass. lorsque, when. loyalement, loyally. lumière, *f.* light. lutte, *f.* contest. Lyon, Lyons. (See map.)

# M

M. (monsieur), Mr. madame, Madam. mademoiselle, *f.* miss. magnifique, magnificent. main, *f.* hand. maintenant, now. mais, but, why! maison, *f.* house, firm, family. maître, *m.* master. majestueusement, pompously. majestueux, -se, majestic. malgré, in spite of. malheureux, -se, unfortunate. malle, *f.* trunk. maman, *f.* mama. manant, *m.* boor. manger, to eat. manière, *f.* manner. manifester, to express. manquer, to miss, to fail, to lack; faire ——, to spoil. manteau, *m.* cloak. marchand, *m.* -e, *f.* seller, merchant. marche, *f.* course. marchepied, *m.* step. marcher, to walk. mari, *m.* husband. mariage, *m.* marriage. marier, to marry. Marseille, Marseilles. (See map.) masquer, to mask, to conceal. masse, *f.* mass. matin, *m.* morning. mauvais, bad. mécanique *f.* machinery, spring. méchant, wicked, mean, naughty; pas ——, innocent enough. meilleur, better, best. mêler; se —— de, to meddle with. même, same, even, very. ménage, *m.* couple. mépris, *m.* scorn; au —— de, without a thought of. mer, *f.* sea; —— de Glace, *name of a glacier.* merci, thanks; no, thank you. mercredi, Wednesday. mère, *f.* mother. mérite, *m.* merit. mériter, to deserve. messieurs, *m pl.* gentlemen. mesure, *f.* measure; ——s, precautions. métier, *m.* trade, job. mettre, to put, to put on. meubles, *m pl.* furniture. midi, *m.* noon. mieux, better, best. milieu, *m.* midst, middle. militaire, *m.* soldier. mille, *m.* thousand. million, *m.* million. minute, *f.* minute. mis, see mettre. misère, *f.* trifle, pettiness. moins, less; le ——, the least; à —— —— que, unless. mois, *m.* month. moitié, *f.* half. monde, *m.* world, society; homme du ——, gentleman. monsieur, *m.* Mr., Sir, gentleman. mont, *m.* mountain, mount. montagne, *f.* mountain. montant, *m.* amount. monter, to mount; se —— la tête, get excited. montre, *f.* watch. montrer, to show. moquer; se —— de, to laugh at. morceau, *m.* piece. mort, *f.* death. mortel, -le, mortal. mot, *m.* word. motif, *m.* motive. moucher (se), to blow one's nose. mourir, to die. moustache, *f.* mustache. mouvement, *m.* movement. moyen, *m.* means. musée, *m.* museum, picture gallery. mystère, *m.* mystery.

# N

nage, *f.* en ——, dripping with perspiration. naïvement, innocently. ne ... pas, not; —— ... que, only; —— ... rien, nothing; —— ... jamais, never; —— ... ni ... ni, neither ... nor; —— ... guère, hardly. néant, *m.* annihilation. nécessaire, necessary. neige, *f.* snow. nettoyer, to clean. neuf, nine. ni; ne ... —— ... ——, neither ... nor. noblesse, *f.* nobility, pomposity. nom, *m.* name. nommer, to name. non, no. notable, prominent. notaire, *m.* notary. note, *f.* note, entry. notice, *f.* note. notoriété, *f.* repute. nôtre; le, la, les

———, ours; les nôtres, our party. nourrir, to feed. nouvelles, *f. pl.* news. nuit, *f.* night. nuitamment, by night, stealthily. numéro, *m.* number, cab-check.

# O

obscurcir (s'), to darken, to grow obscure. observer, faire ———, to observe. obtenir, to obtain. occasion, *f.* chance. occuper, to occupy, to fill; s'———, to be busy. offenser, to offend. offrir, to offer. ombrageux, -se; être ———, to shy. omelette, *f.* omelet. on, one, they, we, you. opération, *f.* operation, manoeuvre. opérer, to go to work. or, *m.* gold. or, now. ordre, *m.* order, sense of order. orgueil, *m.* pride, original, -ux, peculiar, unique. orthographe, *f.* spelling. oser, to dare. ou, or, either. où, where, when. oublier, to forget. oui, yes. outrance, *f.*; à ———, to the death; hotly. ouvrage, *m.* work ouvrir, to open.

# P

paiement, *m.* payment. paire, *f.* pair. paltoquet, *m.* snob. panama, *m.* panama (straw hat). paon, *m.* peacock. papier, *m.* paper. paquebot, *m.* packet-boat. paquet, *m.* package, bundle; faire ses ———s, pack up your traps. par, by, for, in; ——— an, a year, by the year. paradoxe, *m.* paradox. paraître, to appear, to seem. parapluie, *m.* umbrella. parbleu, of course! (See List of Exclamations.) parce que, because. pardon, *m.* pardon, excuse me. pardonner, to forgive. pareil, -le; like; un ———, such a. parfait, perfect. parfaitement, readily. parler, to speak, parmi, among. parole, *f.* word. part, *f.* part, share, side; quelque ——— ———, somewhere; à ———, aside. partager, to share. parti, *m.* decision, choice, match; prendre un ———, make up one's mind. partie, *f.* part, game. partir, to leave, to depart. pas, *m.* step; mauvais ———, bad place. pas, ne ———, not. passer, to pass; faire ———, to send in. pastille, *f.* wafer. patron, *m.* boss. pauvre, poor. pavé, *m.* pavement. pavillon, *m.* wing (of a house). pays, *m.* country. peindre, to paint. peine, *f.* grief, trouble, while. peintre, *m.* painter. pendant, during. pendant, *m.*; faire ———, to match. pénétrer, to penetrate. pénible, painful. pensée, *f.* thought. penser, to think. pensif, ———ve, thoughtful. pensionnat, *m.* boarding-school. perdre, to lose. père, *m.* father. pérégriner (humorous), to meander. péripétie, *f.* occurrence. permettre, to permit, to excuse. personnage, *m.* person, character (*in a play*). personnalité, *f.* personality. personne, *f.* person; ne … ———, nobody. petit, little; tout ———, tiny. peu, little, few. peur, *f.* fear; avoir ———, to be scared. peut-être, perhaps. philosophe, *m.* philosopher. philosophie, *f.* philosophy, phrase, *f.* phrase; ——— ———s, grand speeches. pincé, conscious. pincer (*slang*), to catch, to nab, to «pinch.» piquer, to prick. pitié, *f.* pity, disgust. plainte, *f.* complaint. plaire à, to please. plaisanter, to joke. plaisir, *m.* pleasure. plein, full. pleurer, to weep. pleurs, *m. pl.* tears. pleuvoir, to rain. plier, to fold. pluie, *f.* rain. plume, *f.* feather, pen. plus, more, plus; de ———, further; ne ———, no longer, not again.

plusieurs, several. poche, *f.* pocket. poignée, *f.* clasp. point, *m.* point. poisson, *m.* fish. poli, polite. poliment, politely. politique, *f.* politics. porte, *f.* door; mettre à la ——, to kick out. portefeuille, *m.* pocketbook. porter, to carry. poser, to pose, to put; to put up. poste restante (*on letters*), P.O., «to be called for.» pot, *m.* mettre le—au feu, to boil a piece of beef. poudrière, *f.* powder-magazine. pour, for, in order to. pourquoi, why? poursuite, *f.* ——s, *pl.* prosecution. poursuivre, to prosecute. pourtant, though, yet, still. pourvu que, provided (that), so long as. pousser, to push, to utter; to grow, to sprout. pouvoir, to be able; se ——, may be. précipiter (se), to rush up. precis, exactly, precisely, sharp. préfet, *m.* prefect. premier, first. prendre, to take. près, near; à peu ——, pretty nearly, pretty much. presenter, to present, to offer, to introduce. presque, almost, hardly. presse, *f.* the (daily) press. presser, to press, to hurry, to be urgent. prêt, ready. prétendre, to claim, to allege. prétendu, *m.* lover. prétention, *f.* pretension, claim. prêter, to lend. preuve, *f.* proof. prévaloir; se —— de, to presume upon. prévenance, *f.* attention. prévenir, to notify, to warn. prier, to ask, to beg. primo, first, firstly. principal, *m.* main thing. pris, *see* prendre. prise; —— de corps, warrant for arrest. prison, *f.* prison. priver, to deprive. prix, *m.* price. procès, *f.* lawsuit. procès-verbal, *m.* (*official*) complaint. prochain, next. proclamer, to proclaim. produire, to produce; se ——, to happen. professeur, *m.* teacher. projet, *m.* project. promener (se), to walk, to traipse. promettre, to promise. prononcer, se ——, to decide. propre, own. protecteur, patronizing. protéger, to protect. psit! Hi! (*to call attention*). pu, *see* pouvoir. puis, then. puisque, since. puissant, powerful. pur, pure.

# Q

qualifié (*legal*), specific. quand, when. quant à, as for. quarante, forty. quart, quarter. quartier, *m.* district. quatre, four. que, that, which, whom, how; ne ——, only; —— de, what (a lot of). quel, -le, what. quelque, some; *pl.* a few. quelquefois, sometimes. quereller, to dispute with. querelleur, *m.* quarrelsome fellow. queue, *f.* line; faire ——, stand in line. qui, who. quinzaine, *f.* fortnight. quinze, fifteen. quitte, quits. quitter, to leave. quoi, what.

# R

raccommodement, *m.* reconciliation, making it up. raconter, to relate, to tell. raide, stiff. raison, *f.* reason; en —— de, in proportion to; avoir ——, to be right. raisonnement, *m.* reasoning. ramener, to bring back. rancune, *f.* hard feeling. ranger, to rank. ranimer, to freshen. rapide, quick. rappeler, to recall. rapporter, to bring back. rapprocher; se ——, to gather round. rare, rare. rarement, rarely. rassurer, to reassure. rayonner, to beam. rebut, *m.* refuse, scum. recevoir, to receive. récit, *m.* story, recital. réclame, *f.* advertising.

réclamer, to claim. recommander, to recommend. récompenser, to reward. reconduire, to lead back. reconnaissance, *f.* gratitude. reconnaître, to recognize. recueillir; se ——, to collect one's thoughts. reculer, to withdraw, to back down. redingote, *f.* (*frock*) coat. redouter, to dread. réfléchir, to reflect. refrain, *m.* refrain, «old story.» refroidir, to cool. regarder, to concern, to look, to look at. registre, *m.* register, book. reine, *f.* queen. reins, *m. pl.* back. réitérer, to repeat. rejoindre, to join. relire, to read again. remarquer, to observe. rembourser, to pay back. remercier, to thank. remercîments, *m. pl.* thanks. remettre, to hand over; to do good to, to set up again. remonter, to go up (*the stage*), to go back. remorqueur, *m.* tow-boat, tug. remplacer, to replace. rencontre, *m.* meeting. rencontrer, to meet. rendre, to render, to do, to return. rendez-vous, *m.* appointment, place of meeting. renfermer, to shut up, to wrap. renseignement, *m.* information, investigation. rente, *f.* income; de —— , a year. rentier, *m.* a man of no profession, who lives on his income. rentrer, to reënter, to come back. renverser, to overturn. renvoyer, to send away. repartir, to start again. repas, *m.* meal. repasser, to call again. repêcher, to fish up. répéter, to repeat. répétition, *f.* montre à ——, a repeater (*watch*). répondre, to answer. réponse, *f.* answer. reposer, to rest. repoussant, loathsome. reprendre, to take again, to take up; ——la corde, to get the inside track again. reproche, *m.* reproach. reprocher, to reproach, to find fault with. résolu, *see* résoudre. résoudre, to resolve. ressemblance, *f.* likeness. ressentiment, *m.* resentment. reste, au ——, moreover. rester, to remain, to stay, to stay behind; poste restante, *see* poste. retenir, to hold back, to remember. retirer, to withdraw, to rescue; se —— de, to give up. retour, *m.* return; de ——, back. retourner, to return. retrouver, to find again; se ——, to meet. réussir, to succeed. revenir, to come back. rêver, to meditate. revirement, *m.* change. revoir, to see again; au ——, See you later! So long! révolter, to disgust. révolutionnaire, *m.* revolutionist. rhum, *m.* rum. rhumatisme, *m.* rheumatism. rideau, *m.* curtain. ridicule, ridiculous. rien, nothing. rire, *m.* to laugh. risquer, to risk. robe, *f.* dress, skirt. ronde, *f.* patrol. rouler, to roll. route, *f.* way, journey. Russe, *m.* Russian. rustique, rustic.

# S

sac, *m.* sack, bag; —— de nuit, suitcase, lit., a bag holding enough for one night. saisir, to seize. salle, *f.* hall; —— d'attente, waiting-room; —— à manger, dining-room. salon, *m.* parlor. saluer, to salute, to bow to. salut, *m.* bow, sang, *m.* blood. sang-froid, *m.* coolness, self-possession. sanglot, *m.* sob. sangloter, to sob. sans, without, but for. santé, *f.* health. sapin, *m.* fir-tree. saperlotte! (*humorous*), Gee whiz! sapristi! Gee! satisfait, satisfied. sauf, saving, safe. sauver, to save life; se ——, to run away. sauveur, *m.* saviour. savoir, to know; —— gré à... de..., to be grateful to... for... séance, *f.* sitting. sec, sèche, dry, short. sèchement, dryly. second, second, witness. secundo, secondly. sel, *m.* salt, smelling salts. semaine, *f.* week. semblable, *m.* fellow man, neighbor. sembler, to seem. senti; bien—, sentimental. sentier, *m.* path. sentiment, *m.* feeling. sentir, to feel. sept, seven. septembre, September. sergent, *m.* sergeant. sérieusement, seriously, really. sérieux, serious. serpenter, to wind. serrer, to squeeze, to shake. service, *m.* service, assistance. servir, to serve. seul, alone. seulement, only, even. si, if, yes, so. siècle, *m.* age, century. siège, *m.* seat, (*driver's*) box. sieur, Mr. (*legal*). signaler, to bring to notice, to record. signifier, to mean. simplement, simply. singulier, singular, queer. sixième, sixth. social; capital ——, capital stock (*of a company*). société, *f.* society, company. soeur, *f.* sister. soi, one's self. soin, *m.* care, petits ——s, civilities. soir, *m.* evening, soit! Alright! soixante-douze, seventy-two. soleil, sun. solide, três ——, husky. songer, to think, to dream, to remember. sonner, to ring, to strike, to go off. sonnette, *f.* bell. sordide, mean. sortir, to go out. sou, *m.* cent. souffler, to blow, to stir up (*as with bellows*). souffrir, to suffer, to permit. souhaiter, to wish. sourd, deaf. sourire, to smile. sous, under. soutenir, to support. souvenir; se ——, to remember; *m.* remembrance. souvent, often. spectacle, *m.* sight, spectacle. spirituel, bright, witty. splendeur, *f.* splendor. store, *m.* window shade. stupéfait, surprised. sucrer, to sweeten. suffire, to suffice. Suisse, *f.* Switzerland. suite, *f.* result, following; donner ——, to press; tout de ——, immediately. suivre, to follow. supérieur, superior. supplier, to beg. sur, on, over, after. sûr, sure. surtout, especially.

# T

tableau, *m.* pictures scene, pantomime, (*stage*) business. tache, *f.* spot, stain. tâcher, to try. tandis que, while. tant, as much, so much; tant que, as much as, so long as. tantôt, just now. tapis, *m.* cover, cloth. tapissier, *m.* upholsterer. tard, late. tarder, to be long, to delay. tasse, *f.* cup. tel, such. témoin, *m.* witness. tempe, *f.* temple. temps, *m.* time. tenace, persistent. tendre, to stretch. tenir, to hold, to keep; —— à, to want particularly; to care about; to be on account of, the fault of. terminer, to finish. terrain, *m.* field of honor (*i.e. dueling ground*). terre-neuve, Newfoundland dog. tertio, thirdly. tête, *f.* head. thé, *m.* tea. théâtre, *m.* stage, theater. tiens. (See List of Exclamations). timbré, stamped (*of official paper bearing government stamp*). tirer, to draw, to pull, to get. titre, certificate (of stock). toile, *f.* canvas. tomber, to fall; —— du jury, to be summoned as a juryman. ton, *m.* tone, manner. tort, *m.* error; avoir ——, to be wrong. tortue, *f.* tortoise. tôt, soon. toucher, to touch, to collect; to speak; —— à, meddle with. toujours, always, still. tour, *m.* turn. tourmenter; se ——, to worry. tournoi, *m.* tourney, tournament. tous, all (*pl.*). tout, all, quite; —— en, while; —— à coup, all at once; —— à fait, wholly; du ——, not at all. traîner, to drag, to lie around. trait, *m.* trait, feature, act, deed. tranquille, quiet. travailler, to work. trente, thirty. très, very. trésor, *m.* treasure. trimestre, *m.* quarter (of a year), quarter's salary. tristement, sadly. trois, three. tromper, to deceive; se ——, to be mistaken. trop, too, too much, too many. trou, *m.* hole. troubler, to disturb, to agitate. trouver, to find; se ——, to feel. tuer, kill. tulmute, *m.* tumult.

# U

un, une, a, an, one. usurier, *m.* usurer.

# V

va; —— pour, make it. vaincre, to conquer. vainqueur, *m.* conqueror. vais, *see* aller. valise, *f.* valise. valoir, to be worth; —— autant, to be as well; —— mieux, to be better. vanité, *f.* vanity. vanter, to boast, to be proud. variété, *f.* variety. veau, *m.* veal. vécu, *see* vivre. veiller, to watch. veine, *f.* dumb luck. vendre, to sell. venir, to come; —— de, to have just. vérité, *f.* truth; en —— , really. verre, *m.* glass. vers, toward. verse; il pient à ——, it is pouring with rain. verser, to shed. vibrer, to vibrate; faire ——, to twang. victime, *f.* victim. vide, empty. vie, *f.* life. vif, vive, lively, quick-tempered. ville, *f.* city; en ——, out. vinaigre, *m.* vinegar. vingt, twenty. vis-a-vie, opposite; —— l'un de l'autre, toward one another. visiteur, *m.* visitor. vite, quick. vivacité, *f.* vivacity, irritation. vivement, quickly, eagerly. vivre, to live. voici, here is, here are. voilà, there is, there are. voir, to see. voiture, *f.* carriage. voix, *f.* voice. volonté, *f.* will. volontiers, willingly. volume, *m.* book, volume. vont, *see* aller. vôtre; le, la, les ——, yours. vouloir, to wish, to want, to try; —— dire, to mean; en —— à, to have a grudge against. voyage, *m.* trip, journey, travel. voyager, to travel. voyageur, *m.* traveler. vrai, true, really. vraiment, really. vu, seeing, on. vue, *f.* view.

# W

wagon, *m.* (*railroad*) car.

# Y

y, there, in it, in them; to it, to them: —— avoir, to be, to be the matter. yeux, *m.* eyes.

Milton Keynes UK
Ingram Content Group UK Ltd.
UKHW010707240424
441619UK00004B/341